AF493162

Luis Pulido Ritter

# Fragmentos críticos postcoloniales

**(ensayos transversales de sociología literaria y cultural panameños)**

**INSTITUTO NACIONAL DE CULTURA**
Dirección Nacional de Publicación y Comunicación
Departamento de Letras

864
P968    Pulido Ritter, Luis
       Fragmentos Críticos Postcoloniales –Luis Pulido Ritter
       Panamá : Editorial Mariano Arosemena, 2017
       186p. ; 21 cm.

       Premio Nacional de Literatura Ricardo Miró
       – Sección Ensayo 2017.

       **ISBN:** 978-9962-56-042-5

       1. LITERATURA PANAMEÑA –ENSAYO
       2. ENSAYO PANAMEÑO    I. Título.

**Fragmentos críticos postcoloniales
(ensayos transversales de sociología
literaria y  cultural panameños)**

© **Luis Pulido Ritter**

© Primera edición

Editorial Mariano Arosemena, 2018
Instituto Nacional de Cultura (INAC)
Dirección Nacional de Publicación y Comunicación
Apartado Postal N 0816-07812
Panamá 5, República de Panamá



Revisión de texto
Editorial Mariano Arosemena
Diseño y diagramación
Editorial Mariano Arosemena

Impreso y hecho en Panamá

Premio Nacional de Literatura Ricardo Miró 2017

Luis Pulido Ritter

# Fragmentos críticos postcoloniales

## (ensayos transversales de sociología literaria y cultural panameños)

**Colección Ricardo Miró**
Sección Ensayo

*A mi padre,*
*Luis Guillermo Pulido Maldonado*

# ÍNDICE

# I. Apertura

# INTRODUCCIÓN: la hermenéutica postcolonial

En la década del noventa, justo después de la invasión a Panamá  y la caída del muro de Berlín en 1989, encontré a un profesor de Sociología que se convirtió en asesor de mi tesis de doctorado. Él era un señor estirado, muy elegante, de aquellos que habían sobrevivido a la ola rebelde del 68 que quería romper con la "formalidad burguesa" del sistema universitario, pero él no dejaba de llamar a sus estudiantes de usted.  Yo salí del país para hacer un postgrado y por una beca obtenida, terminé llegando a la oficina de este profesor que, con su cigarrillo entre los dedos, expiraba a través de la ventana de su oficina. Ya había leído mis quince páginas de mi proyecto, cuyo título original había sido "literatura y brujería en el Caribe: Haití y Cuba". No se espera, por cierto, semejante título de un sociólogo, pensé yo. Pero, para mi sorpresa, este profesor, que era un especialista en la cultura y literatura de América Latina y el Caribe y que impartía además un curso sobre "Música clásica para sociólogos", aceptó inmediatamente el proyecto que respondía al aspirante de un doctorado que, siguiendo la más amplia tradición clásica sociológica de un Max Weber, de un George Simmel, de un Walter Benjamin, de un Max Horkheimer, de un Theodor Adorno y de un Raymond Williams, quería conectar la sociedad con la cultura y, en este caso particular, con la literatura.

Trabajando en mi proyecto de doctorado, que fue un estudio transdisciplinario por abrevarse de la sociología, de la filosofía, de la lingüística, de la historia y de la literatura[1] ya había comprendido que había un punto que conectaba a Panamá con la ciudad de aquel profesor de Filosofía alemán, Hegel, un punto que no era evidente en primer plano por responder a diferentes contextos históricos: la fecha de expiración de la Zona del Canal con su empalizada en 1979 y la caída del muro de Berlín diez años después. Con estos hechos históricos, entendí que yo provenía de una ciudad fragmentada, con una historia de murallas desde la Época Colonial (Intramuros y Extramuros) y moderna (las ciudades de Panamá y de Colón y la Zona del Canal), y que la Zona del Canal – la fragmentación que no solo usurpaba para sí un territorio, sino, que ejercía sobre nosotros un poder cultural, económico y político – había marcado nuestras vidas individual y colectivamente[2]. Es, en este sentido, que solo podemos afirmar con Frantz Fanon, que *Le monde colonial est un monde compartimenté*[3] (2002 [1961], p. 41), pues si bien él no utiliza la palabra fragmentación, Panamá, como parte de esta historia colonial y postcolonial, no ha removido ese mundo de "compartimientos" que subyace en

---

[1.] Me parece que hoy día la tendencia es preguntar más por lo estudios transversales, transareales y transdisciplinarios, donde las problemáticas deben ser abordadas con todos los instrumentos posibles, teóricos y metodológicos, sin dar importancia a las fronteras de las ciencias, tradición esta última heredada del positivismo de las ciencias del siglo XIX. Es así que este conjunto de ensayos se inscriben—metodológicamente—dentro de la tradición hermenéutica de la interpretación de textos, cuyos datos se obtienen no por considerar que hay una división de lo real y la representación (vicio positivista), sino que la representación misma debe ser considerada como una construcción — real, material y legítima— históricamente condicionada que requiere análisis, comparación e interpretación.

[2.] La muralla colonial fue erigida en el último tercio del siglo XVII, como resultado de la destrucción de la antigua ciudad de Panamá en 1671, y de la Zona del Canal, con "la famosa cerca", en 1959 (Osorio Ugarte, p. 93).

[3.] El mundo colonial es un mundo de compartimientos, (Traducción nuestra).

su condición profunda e histórica de una nación fracturada, condición esta que, en términos políticos y culturales del Estado nacional, ya ha sido tematizada al reconocerse la fragmentación (Pizzurno, 2010; Osorio Ugarte, 2014)[4].

Al caer el muro de Berlín en noviembre de 1989, pocos meses antes de la fatídica, innecesaria y cruel invasión a Panamá en diciembre de aquel mismo año, sentí una gran liberación, porque la Guerra Fría había sido una gran muralla global, ideológica, económica, militar y cultural[5]. Pero, además, este fue un período que se caracterizó por la descolonización global en Asia, África, América Latina y el Caribe. Fue, en efecto, la época de un intelectual decolonizador como Frantz Fanon[6]. Y sin olvidar a Aimé Césaire, ha sido a través de los escritos de Fanon que hemos comprendido que no hay tarea decolonizadora si no se revelan las estructuras colonizadoras del pensamiento que perviven tras la descolonización (política), como también

---

4. Pizzurno tiene un subtítulo donde se dedica específicamente a este punto en "La República-Canal: ciudad y país fragmentados" y anota como base de esa fragmentación, que cruza la historia del país, lo siguiente: "La ambigua noción de soberanía unida al anhelo de protectorado extranjero propuesto por las élites conforme al modelo hanseático, terminaron por desvirtuar en gran medida y durante las primeras décadas la idea de Estado nacional, que surgió en 1903, máxime cuando se impuso la receta de protectorado exclusivo de Estados Unidos sobre Panamá, que tanto temía Justo Arosemena a mediados del siglo XIX" (p. 8).

5. Paradójicamente el presidente electo de los Estados Unidos, Donald Trump, quiere volver a aquel mundo de murallas y empalizadas. México es un buen ejemplo de retrotraer la rueda de la historia post Guerra Fría.

6. El término intelectual, cuya gran propagación se encuentra a finales del siglo XIX en Francia para nombrar a escritores y figuras públicas, es utilizado también por Fanon, pero matizado al hacer la diferencia entre hombres políticos, que inscriben su acción en lo real, y hombres de cultura que se sitúan dentro del marco de la historia (p. 199).

lo han demostrado años después los teóricos del <<giro decolonial>>[7]. Y tras el término de la Guerra Fría, el mundo ha continuado en su movimiento con nuevos conflictos pero, como había dicho Hegel, en su *Filosofía del Espíritu*, sentí en aquel momento que *Es ist übrigens nicht schwer zu sehen, daß unsere Zeit eine Zeit der Geburt und des Übergangs zu einer neuen Periode ist* (1986, p. 18)[8]. No era difícil sentirlo porque Panamá pudo recuperar el Canal en medio de la Guerra Fría, a pesar de que la invasión nos lanzó a la pésima sospecha de que el mundo (para nosotros) no había cambiado, aunque ahora sí cabe pensar que el mundo (para los panameños) no va más allá de estas fragmentaciones coloniales y modernas, fragmentaciones profundas y de <<larga duración>>, que hemos heredado en el tiempo postcolonial, tiempo este que yo aquí entiendo como la "normalización" del Estado panameño con la soberanía adquirida sobre todo su territorio, una soberanía que no logra precisamente esconder la fragmentación, la parálisis y la dejadez institucional (incluido el "ciudadano") de crear un país.[9]

Todos y cada uno de los ensayos aquí reunidos bajo el título de *Fragmentos críticos postcoloniales* es resultado de esta historia profunda de fragmentaciones y murallas, de rompimientos y de restauraciones de fronteras, de conexiones y de movimientos más allá o detrás de la soberanía formal

---

[7] Entre los teóricos de este giro se puede mencionar a Walter Mignolo, Ramón Grosfoguel y Nelson Maldonado Torres quienes publicaron algunos ensayos referentes a la obra de Césaire (ver Césaire 2006 [1950]).

[8] Por cierto, no es difícil darse cuenta que nuestro tiempo es un tiempo de nacimiento y paso hacia otro nuevo período. (Traducción nuestra).

[9] Valdría la pena pensar si no hemos creado todavía "ciudadanos" (responsables por su país), por la predominancia del "pueblo", propio del período de afirmación nacional.

sobre el territorio que fue el sueño legítimo, republicano y nacionalista de generaciones enteras de panameños. Todos son ensayos nacidos tras las entrega del Canal, fragmentos postcoloniales que se articulan críticamente, por un lado, en contrapunto de un discurso hegemonizador y opresivo de la identidad nacional (el colonialismo interno) y, por otro lado, identificando la fragmentación postcolonial. Es, en este sentido, que es indignante, por ejemplo, ver cómo la antigua Zona del Canal se ha convertido en el nuevo territorio de fronteras, exclusivo, tras la entrega de las áreas revertidas. Las viejas murallas se han levantado para albergar urbanizaciones que fragmentan el espacio y el imaginario del proyecto de una nación republicana y democrática que quiso hacer suyo ese territorio segregado. Allí la nación soñada no se proyecta en el tiempo postcolonial. Ese espacio es la caricatura de la nación misma, de la nación soñada, donde los nuevos ricos con altos funcionarios y políticos se dan la mano en una orgía desvergonzada que sella la derrota de muchas generaciones de panameños. No obstante, a pesar de estas fragmentaciones y derrotas, pervive la voluntad y el sueño de la conexión, del reconocimiento crítico del problema no solventado, de una nación que parece que perdió el rumbo de su destino, porque la nación ha quedado sin discurso, sin contenido de futuro, como se expresa con el desastre total del sistema educativo público. No se trata de jugar aquí al profeta. Pero, a partir de estos ensayos críticos, se quiere reconocer que vivimos un tiempo post entrega del Canal y este tiempo es postcolonial por haberse obtenido por primera vez, como República, la soberanía sobre todo nuestro territorio, una situación nueva que, sin embargo, no ha gestado una "época nueva" (Hegel), porque no hemos ido más allá de las fragmentaciones, las murallas y la desvalorización y ruina de nuestras instituciones públicas que han dificultado el imaginario, republicano, democrático y laico, de una nación para el siglo XXI.

En este sentido, los ensayos aquí reunidos, responden a un interés básico: hacer evidentes las fragmentaciones y, a partir de aquí, lograr una mirada de conjunto (reuniendo los fragmentos a través de sus conexiones) del Panamá postcolonial. Desde el primer capítulo, *Apertura,* nos ocupamos de esta fragmentación *La Zona del Canal: fragmentación, ciudad imaginada y cultura transnacional en Panamá*, a través de las imágenes fotográficas de un padre de familia que registra el espacio usurpado y ocupado en la década del sesenta en la ciudad de Panamá y la Zona del Canal. Se parte de la tesis de que Panamá es un país transnacional, cuyo colonialismo interno ha sido oscurecerlo por un discurso romántico de nación (una raza, un pueblo y una lengua)[10]. De aquí se pasa al segundo capítulo, *Cinco Movimientos de Sociología Literaria y Cultural*, dividido en dos, *La Zona de Tránsito y el Canal de Panamá,* compuesto de dos ensayos de Sociología de la Literatura, ocupándose el primero de una novela olvidada de Ricardo Miró, *Noches de Babel*, que es la primera novela que se ocupa de la transnacionalidad en el país, y el segundo sobre Eric Walrond y Joaquín Beleño, tres escritores que, en el siglo XX, han planteado lúcidamente los efectos de la modernización, entendida esta como la transformación global de las condiciones de vida generado por la inserción del Atlántico en el mundo fáustico[11], a través de personajes marcados por

---

[10]  Esta problemática la trato en mi libro Filosofía de la Nación Romántica (2008), cuyo discurso en Panamá -identificar nación con cultura – comenzó a elaborarse desde que Belisario Porras escribiera El orejano en 1882.

[11]  El concepto de mundo fáustico (de la obra de Goethe Fausto) es adquirido de Oswald Spengler (2007 [1918]) que, a diferencia del mundo apolínio (lo griego) y el mundo mágico, está caracterizado por la soledad, la ausencia de fronteras, la inseguridad, la fractura de la vida que transcurre en las grandes ciudades y el mundo. Es el mundo del progreso.

el racismo, la marginalidad y la inmigración. Lo que vincula ambos ensayos es la pregunta sobre las fragmentaciones en la situación postcolonial, donde estas cruzan el espacio urbano e imaginado de las ciudades terminales de Panamá y Colón. En la siguiente parte de este segundo capítulo, *PostZona del Canal,* compuesta de tres ensayos, hay la búsqueda de establecer relaciones críticas derivadas de la Invasión a Panamá en 1989, acontecimiento que fragmentó a la sociedad panameña y, en un salto que debe ir más allá de la denuncia, lograr una mirada en movimiento que revele aspectos no dichos de la fragmentación postcolonial a partir de una crítica del concepto homogéneo de nación, seguido de una discusión  sobre la "normalización de los valores" postinvasión en la novela de Carlos Fong, cuya novela *Aviones dentro de la casa* es un giro importante en la conocida literatura sobre la invasión. Y terminamos este capítulo con una propuesta de lectura sobre la invasión pasada por el tamiz crítico de la sociología del riesgo y los desastres (a través de textos literarios y ensayísticos) para revelar otros aspectos de la fragmentación derivados de aquella  invasión a partir del concepto de catástrofe que nos permite entrar por caminos inexplorados de investigación.

Siguiendo el espíritu del conjunto de ensayos, que no solo transcurre entre las fronteras nacionales de Panamá, propongo el último capítulo, *Inmigrantes, viajeros y expatriados,* que está  compuesto de dos textos sobre autores que están tocados por el hecho de haber pasado por la experiencia inmigratoria. El primero, *Memoria fundacional y memoria en movimiento,* es el análisis que se detiene sobre las salidas y estrategias narrativas que se elaboran para salir de la fragmentación por  la creación de mundos armónicos, fundacionales e identitarios en el caso de Porras, Miró, Korsi y Russell o el reconocimiento de la fragmentación en Walrond que, en efecto, lo que descubre es la imposibilidad de mundos armónicos y narrativas cerradas. Finalmente, cierro el libro con el ensayo sobre un *Liberal en la ciudad de Colón*, Eusebio A. Morales, donde se analiza la gran paradoja de esta ciudad Atlántica del Caribe panameño: estar sometida a la pobreza y a la marginalidad a pesar de su estratégica posición en el mundo del Atlántico.

Deseo dedicar este trabajo a mi padre, quien falleció recientemente, y a quien le debo algunas cosas de esta vida, por ejemplo, las fotografías de la Apertura, reveladas por él mismo en la década del sesenta en el  barrio de Perejil de la ciudad de Panamá.

# La Zona del Canal: ciudad imaginada y cultura transnacional en Panamá

# La Zona del Canal: ciudad imaginada[12]
# y cultura transnacional en Panamá

Foto 1. La empleada con rollos y el maletín del fotógrafo

No vemos al fotógrafo en la imagen, pero asumimos su presencia sosteniendo la cámara fotográfica, moviendo el lente para obtener una imagen nítida del objeto/sujeto frente de sí. La ausencia/presencia del fotógrafo es revelada por el maletín de la cámara sobre la mesa, detrás de la muchacha del "interior" de la República, la "cholita", aquel espacio que no solo remite a la distancia física, a un cierto más allá de la rivera del canal, sino también a lo " profundo", a lo "mítico", como diría Gastón Bachelard, al mito de las fabulaciones del pensamiento mágico. Esa muchacha no está en el centro

---

12. Entiendo como "cultura transnacional", a diferencia de la "cultura romántica (caracterizado por la conexión del nacionalismo cultural con la política: una cultura, una raza y una lengua) como un espacio cultural que es contradictorio, conflictivo, mixto e inestable, que reúne en un proceso continuo de transformación, cambios y transferencias las lenguas, las formas y usos sociales de comportamiento que entran en contacto por los procesos de migración e inmigración, propio de toda región, cultura, país sometido al trasiego local e internacional de gente y de mercancías.

de la imagen, no ocupa toda la dimensión del espacio, sino está a un lado, como acompañando al maletín de la cámara, llenando el espacio de una imagen que atrapa la cotidianidad con un golpe de dedo sobre el accionador. Ella, con sus rollos sobre la cabeza, posa delante del maletín fotográfico que está sobre la mesa de madera. También se observa las sillas tapizadas de cuadritos y un armario en el fondo, muebles hechos por el mismo padre, objetos que revelan el apartamento de una familia de clase media panameña a principios de los años sesenta, una familia compuesta de padres jóvenes profesionales con un padre aficionado a la fotografía, que es como un niño que tiene un juguete entre sus manos que  impone sus "propios" significados e imágenes.

Hay que imaginarse al padre – con su pequeño hijo al lado – revelando las fotos, metido en el baño oscurecido con papel de cartulina, utilizando el lavamanos como recipiente para revelar la imagen bajo sus ojos. Es una secuencia mágica. Pero del mismo modo como el padre ha improvisado el baño como un cuarto para revelar fotografías, el ojo no se libera de su ingenuidad para seleccionar la imagen, un ojo ingenuo que, sin embargo, no deja de estar al mismo tiempo cruzado por la trayectoria de una familia, de una historia de una nación y de una biografía personal. En fin, la ingenuidad del ojo del fotógrafo es la plasticidad con que se asume el mundo recibido y asumido, casi sin intermediarios, es decir, no hay una crítica, una práctica del filtro que entrena al ojo para darle un guiño al mundo. Con las fotografías del padre, como lo muestra la foto de la empleada y el maletín, el ojo está pegado a la realidad. No obstante, en las fotografías no aparecen casi situaciones de la vida cotidiana. Las fotografías tomadas están cruzadas por la Gran Narración de la construida nación panameña traducidas a la realidad en formas de monumentos, ruinas, disfraces y sombreros.

También están cruzadas por la presencia de un sentido y vivido cuerpo extraño (el llamado enclave) a la nación panameña, la Zona del Canal, y todo lo que la hace evidente en el espacio geográfico de la representación: barcos, aviones, desfile zoneita. Son fotografías que, por solo testificar la presencia de una historia, de una nación, de una ciudad en su fragmentación, invaden el espacio familiar, le dan forma y contenido a una idea de lo nacional tortuosamente erigida sobre los escombros de una nación ocupada, colonizada y acomplejada por el poderío militar, científico-técnico de un imperio. Esas fotografías narran – como en una fábula para niños – lo que es la nacionalidad, la panameñidad, lo que somos los panameños, a pesar de haber tenido una ciudad fragmentada con una nación imaginada que se sublime y regodea en la invención de una historia y unos disfraces, unos héroes y unas ruinas. *La empleada y el maletín* narra la fragmentación de la nación, a pesar de que en ese apartamento de clase media urbana la imagen se presenta ingenuamente armoniosa, con cada cosa en su lugar. La empleada del llamado "interior"de la República está mirando hacia la cámara fotográfica, posa tranquilamente frente al fotógrafo, como si fuese parte natural de esa imagen construida, sin que exprese el panameñísimo vocabulario para designarla: la empleada. La fragmentación está silenciada, aunque no borrada, pues aquella se muestra rebelde de ser absorbida en el lente fotográfico que, aparentemente, no da cuenta de la clase, de la condición cultural y de la pertenencia étnica de la "cholita" que ha emigrado a la ciudad fragmentada, una ciudad atrapada y estrangulada entre el mar Pacífico y la Zonal del Canal, obligada a crecer como si fuese un corredor y que lleva consigo todas la fragmentaciones posibles a través de su historia colonial, colombiana y en parte republicana, el Intramuros y el Extramuros, fragmentación que no se ha diluido, pero sí transformado, reproducido y casi eternizado.

## 1. Las tarjetas postales

Foto 2.  El Edificio de la Administración del Canal en Balboa: el altar
del paraíso tropical

La cámara fotográfica se desplaza en el interior de la ciudad fracturada, al otro lado de la empalizada, la Zona del Canal. Las primeras narraciones de la Zona, de aquel espacio interior/exterior, interior en la geografía de la nación imaginada, pero exterior porque su presencia imposibilita el despliegue de la nación protegida, las hace el padre cuando trabajaba como diseñador de planos para la Zona. "No me gustan que me ordenen", recuerda que le dijo el padre en una ocasión. Pero lo que aparecía como rebeldía del padre hacia la jerarquía de la Zona era, en verdad, una enmarañada relación de amor/odio, de rechazo/admiración, de sujetamiento/huida con la Zona del Canal y, con el llamado gringo, en particular. En la Zona imperaba la puntualidad, la disciplina, el orden. Pero, ¿esto no habrá sido un mito de la Zona, una narración bien elaborada que, justamente, el padre reforzaba con su renuncia y rechazo de la  Zona? Toda estructura de poder necesita un mito, una narración que esconda las fisuras y que haga invisible los intersticios entre la representación del poder de sí mismo y la vida de la gente.  Lo cierto es que la Zona, como espacio organizado de poder, economía y sociedad, entró en la vida de cada uno de nosotros, era la perfección de lo que nosotros jamás podríamos alcanzar, porque era un *handicap* en sí mismo ser panameño, por nuestro carácter anárquico, desorganizado y no-disciplinado, como quiso demostrárnoslo John Biesanz (1953). La Zona era la presencia blanca, anglosajona, la Zona era la raza blanca y, como dice Frantz Fanon para los negros del Caribe y África: "Car enfin il faut blanchir la race" (1971, p.38). Pero cuidado: no hubo que esperar a la Zona para querer *blanchir la race*, pero sí hubo como lo demostró Joaquín Beleño en *Gamboa road gang* (1960) la fractura del colonizado, el no—ser de una presencia que trata de ser otro como aquel desafortunado chombo-blanco, Atá, que pretendió tener a una rubia zoneita. Y de aquí valga la pena preguntarse si Atá no nos habrá representado consciente/ inconscientemente por generaciones enteras, el sueño de una novia rubia, la inaccesible de la Zona del Canal, más libre y dispuesta sexualmente que las recatadas panameñas, por lo menos en nuestra ocupada, torcida y limitada imaginación.

La Zona era la contranarrativa de la nación panameña, la contranarrativa de cada uno de nosotros, que era definida por su contrario, su opositor, su espejo contrario. Y es así que John Biesanz, de una manera muy weberiana, establece su tipología de las normas de conducta, una tipología que marca con precisión y rigidez – como toda buena tipología – esos dos mundos contrapuestos: el mundo de la Zona del Canal y de los panameños. Pero la Zona no era nación, no era un país, pero sí era un régimen administrativo, una empresa estatal, jerarquizada y militarizada, una sociedad pigmentada de castas, una prolongación distorsionada y opuesta del sueño americano, de los valores democráticos y liberales heredados de la ilustración europea. La Zona era la visión utópica-calvinista, socialista, jerarquizada de un Edward Bellamy (Knapp, 1984). En fin, ¿qué tan cerca espacialmente estuvimos nosotros, los panameños, de la Zona, pero separados por una empalizada de los Estados

Unidos, de la idea y del ideal americano que pudo ver Alexis de Tocqueville en su *América* y en la descripción que hizo Francisco de Miranda, el ilustrado de ultramar, de este país emergente, revolucionario y liberal-democrático? En efecto, con la Zona del Canal algunos reforzaron con maniqueísmo esa visión unilateral de los Estados Unidos, una visión que recurría a esa historia trágica y negadora de la experiencia liberal americana como el esclavismo y el racismo. Sin embargo, hay que decir algo al respecto, porque los trabajadores caribeños que venían a Panamá lo hacían con lo que se conoce como el sueño americano y, cuando algunos resolvían regresar a sus islas, el *Colon/Panama Man* era considerado como un rebelde dentro de aquel mundo caribeño anglosajón que todavía no se desprendía de sus convencionalismos coloniales y, por lo tanto, se burlaba de esta figura cuando regresaba a sus islas:

One, two, three, four / Colon Man a come
With him watch chain a konock
Him belly bam bam bam
Ask him for the time/ and he look
Upon the sun
With him watch chain a knock
Him belly bam bam bam (Senior, 2000, p. 33).

En Panamá qué decíamos del negro antillano, mejor dicho, qué no dejábamos de decir: que era perezoso por no querer trabajar y cobarde por no enfrentarse al sistema zoneita. En este aspecto, ya Carlos Guillermo Wilson supo deconstruir esa distorsión (1975). Es por ello que podemos recordar a Eric Walrond, aquel escritor guyanés, barbadiense y panameño que escribió *Tropic Death* (1927) y, como ningún otro escritor caribeño, dibujó el sistema antiamericano de la Zona del Canal desde la mirada del otro, de aquel que vino a trabajar aquí y que tenía a dos capataces con banderas diferentes: al norteamericano y al panameño (Conniff, 1985). Sin embargo, el panameño se consideraba usurpado por el norteamericano y a la vez en mala posición competitiva con respecto al antillano, por no ser sumiso y por no hablar inglés – buen consuelo del colonizado. Lo cierto es que el antillano no era sumiso y, por otro lado, sí era cierto que el panameño no hablaba inglés, pero por ser negligente y perezoso de hablar una lengua que no fuera el español, aparte de que tenía una buena excusa: el nacionalismo cultural, xenofóbico, del hispanomestizo acomplejado. El gran error histórico de la nación panameña – tanto de sus intelectuales como de sus políticos – fue haber definido a la nación panameña por la lengua española, castiza, la lengua de la llamada Madre Patria, una figura bastante altisonante, vieja y tradicional romántica para ser buen ejemplo de un pueblo que tenía que modernizarse. Aquí le aplicábamos al negro antillano el complejo de inferioridad del históricamente colonizado panameño que nunca había logrado emanciparse culturalmente del viejo colonizador. Y la presión cultural y la miopía educativa por parte de los llamados panameños de, "origen" fue tan fuerte que  hoy día los hijos de los negros antillanos, los hijos que viven en Río Abajo, El Marañón y El Chorrillo e, incluso, en la abandonada provincia de Colón, como muy bien lo ha observado Carlos Russell, uno de los intelectuales panameños más polémicos de la diáspora afro-pana/caribeña  que reside en Brooklyn, han dejado de hablar en inglés, pero los hijos de las competitivas clases medias, de los viejos y nuevos burgueses hablan el inglés aprendido en las mejores escuelas y universidades del exterior. Finalmente, el chombo no quería ser chombo y, sin ruptura de continuación, Panamá perdió un gran capital cultural que habría sido de mucho provecho en el actual vilipendiado mundo globalizado, donde los hijos de los ya eternos pobres y marginalizados hubieran podido tener un instrumento valioso de promoción, educación y carrera. Por otra parte, qué no decíamos del antillano con respecto a su inglés. Que no hablaba tal lengua, que tenía mal acento, que lo que hablaba era "patúa", estrategias todas para no decir lo que no queríamos afirmar: no nos gustaba aprender el inglés y menos del antillano, es decir, del llamado chombo. Pero, ¿desde cuándo nosotros, los panameños de "origen" – como algunos intelectuales se regodeaban de decir en los años cincuenta – habíamos hablado el español castizo de España?

La foto del padre de la gobernación de la Zona del Canal no narra estas fracturas, dilemas, paradojas, de la nación panameña. Aparecen dos banderas extendidas sobre esa colina, frente al edificio de la Gobernación, en armonía con el conjunto arquitectónico que le da fondo. Incluso, la armonía es tan involuntaria que ambas banderas se extienden en la misma dirección por el soplo del viento. Son dos banderas que no narra la relación de poder, de casi ocupación de una nación por otra, no narra esa herida de una nación que está cortada en dos y que a la vez esta última no reconoce o le cuesta reconocer y aceptar que es un país de inmigrantes con gente que habla otro idioma, que no son católicos y, además, son negros. La foto es la expresión de esa armonía, de ese vínculo buscado, soñado, negado en la realidad, pues contrasta con la fragmentación del espacio urbano y, sobre todo, con la manera en que se conciben los contenidos de cada parte.

Foto 4. Desfile en la Zona: el mito del orden

La tipología de Biesanz no es más que la proyección radical de una fragmentación que cruza y determina nuestras vidas. Es una división asumida en el cual los desfiles o los Carnavales mismos son diferentes, no partes contrastantes de una misma moneda, sino expresión de dos monedas, dos espacios paralelos, que en nuestra imaginación se confirma – acertada o equivocadamente – con ver estas fotos de desfiles, pues en el *Desfile en la Zona* domina el orden, la disciplina y adivinamos la poco ausencia de gente y en el *Desfile en la ciudad*, vemos lo contrario, es decir, en medio del desfile se ve el caos, el desorden y la calle abarrotada de gente. Con esta foto, Biesanz confirmaría su tesis, su tipología de la Zona y de la ciudad y los panameños seguiríamos viendo y asumiendo esos dos mundos separados como se presentan en la foto. Es que en nuestra condición colonial, de nación ocupada, nuestra imagen de la Zona coincidió con la distorsión de nosotros mismos como gente, como colectividad y como personas. Es más, asumimos esa distorsión y la hicimos nuestra, muy panameña, el desorden, la indisciplina, la ausencia de responsabilidad y la negligencia, resumiéndose todo en una sola expresión: el juega vivo. Aquí nos definimos como personas, como nación, para darle razón a Biesanz. Y a cada momento lo probamos con nuestros actos. Pero, en fin, ¿qué tan estable era el gobierno en la Zona? ¿Es que allí no había conspiraciones, puñaladas políticas, minigolpes de Estados encubiertos? Y nosotros, ¿qué tan desordenábamos éramos, tan impredecibles y tan indisciplinados? ¿Qué tan fieles eran las parejas en la Zona y qué tan infieles éramos nosotros?[13] ¿Es que acaso el gringuito no cruzaba la Zona los domingos para visitar a su mujer/amante con sus hijos en la ciudad?

*Carnaval en la Zona* presenta a dos señoritas sentadas sobre una limosina, descapotable, bajo la sombra de unos árboles, uno de los cuales es una palmera tropical que era y son muy "típicas" de la Zona del Canal. Y esa palmera tropical, que se asocia con nuestro clima, fue un montaje del paisaje zoneita, una decoración del mito tropical, porque del otro lado de la empalizada dominaba el árbol de marañón y de mango. Con este último, con el de mango, la narratividad de la ciudad posee una anécdota, pues en la avenida 4 de Julio – que después pasó a llamarse avenida de Los Mártires – los niños de la ciudad que vivían en la "frontera" iban a recoger los mangos que caían de los árboles (lo prohibido los hacía más dulces) y no pocos recuerdan que policías zoneitas levantaban sus revólveres y disparaban en el aire. En la narratividad de la nación esta simple anécdota está unida al transcurso de generaciones de panameños, una anécdota que no necesita mayores explicaciones, porque la recibimos de nuestros padres, una anécdota que se incrustó en nuestra memoria histórica y colectiva, más efectiva que cualquier discurso de la nación armoniosa y homogénea que enfrenta a un invasor extranjero. La anécdota del mango es una metáfora que, incluso, cruza fronteras y océanos, una anécdota que también escuché del cantante panameño Frank Mclean,

---

13. La historiadora Vilma Chiriboga pronto publicará su tesis de doctorado "Poder e identidad en la construcción de Canal (1904-1914), en el cual analiza los mitos de la Zona caracterizada por el orden, la armonía y la ausencia de conflictos.

residente en Hamburgo, en una noche berlinesa mientras recordábamos el espacio de la "frontera". El mango, no la palmera, está dentro de esa poética de la frontera de la ciudad de Panamá, frontera representada por ese edificio imponente de la Administración del Canal, montado sobre una colina, que para llegar a él es necesario subir una buena cantidad de escalones: el poder exige la ceremonia del ascenso.

Es una frontera que cruza lo que se llama el territorio "nacional". Lo corta en dos para darle contenido concreto al lema que existe en el hotel Washington: *The world united, the land divided*. La condición de unir al mundo fue dividir la tierra, al país, a la nación. No obstante, sin esta división no habríamos tenido conciencia extrema de la frontera y de la necesidad de conectar lo que está separado, porque hay una búsqueda inconsciente del vínculo, de la armonía, de volver a unir lo que está separado. Entrar en la historia moderna significó que, para vincularnos al mundo, nos dividiéramos al interior de un espacio geográfico y de una ciudad fragmentada por clases, razas y procedencias.

La fotografía del padre de el *Puente de las Américas* se toma poco después de haberse construido tal obra, un puente que nos vincula físicamente con lo que se conoce como el "interior" de la República. En efecto, la palabra "interior" tiene una doble significación semántica, porque encierra lo "profundo", lo "original", lo "eterno". Es el *Puente de las Américas* el que nos lleva al otro lado de la frontera de la nación y es el medio por el cual el "interiorano" llega a la ciudad dividida, fragmentada, inundada de negros, "chombos", donde no solo se habla el español. El puente da la ilusión de una nación conectada consigo misma, en armonía con la superficie de su territorio y la gente, no obstante, con el puente llegamos a comprender qué tan diferentes somos con más rapidez, los mundos que nos separan, las palabras que no comprendemos.

Foto 5.  El Puente de las Américas: conectando el país fragmentado

Esta fotografía del padre está tomada desde la ciudad de Panamá – ¿o del otro lado? – y la misma nos lleva a una perspectiva hacia el otro lado, más allá de la frontera del territorio urbano (vinculado con los mares), con esa parte del país que es nombrado como el "interior", donde los pueblos "interioranos" han sido consacrados como la reserva y la esencia de la nación, resultado de ese trabajo romántico del *Caudillo de Levita*, nombrado así por el polígrafo Roque Javier Laurenza para designar a ese hombre "interiorano."de bigotes puntiagudos: Belisario Porras (en Rodrigo Miró, 1974). El "interior.", entonces, desde los textos de Porras *El orejano* de 1882 y su *Carta a un amigo* de 1904 (en Sisnett, 1959) se convierten en la metáfora de la nación "profunda" en contraste de la ciudad fragmentada, moderna y cosmopolita que para Rogelio Sinán tiene "un carácter virtualmente extranjero" (1957, p.105) y, según Ramón H. Jurado: "...los aledaños de la ciudad están atestados de negros jamaicanos..." (1953, p. 44). Viendo la fotografía que el padre tomo del Puente de las Américas, el vínculo con la nación imaginada se metaforiza por convertir en aquellos pueblos que están "más allá del puente" en la esencia de la nación, pueblos donde nacieron Belisario Porras y Victoriano Lorenzo, caudillos liberales y, además, donde también nacieron Arnulfo Arias Madrid y Omar Torrijos Herrera. Ellos nacieron en aquellos pueblos, lejos de la ciudad *sifilítica*, de la ciudad extranjera, fragmentada y cosmopolita, lejos de los burdeles, del *Happy Land*. No obstante, dentro de esta galería de héroes nacionales hay uno que nació a este lado del puente, solo uno, y precisamente en la ciudad de Colón: Pedro Prestán, el negro. ¿Y el Otro? Bayano, el otro negro colonial. Pero en esta galería de héroes nacionales no tenemos negros de origen caribeño y por más que esfuerzo mi memoria no encuentro uno que haya sido inmaculado en el altar de la Patria, a excepción del colonense *Panama Al Brown*, el desdichado boxeador, que murió solo y empobrecido en un cuartucho de New York.

Pero la pregunta es la siguiente: En verdad, ¿qué nos vincula con aquellos pueblos del "interior"? Esta fotografía del padre no nos ayuda a responder a esta pregunta. Sin embargo, el Puente de las Américas nos llama a la unidad, a la conexión, al vínculo. A través del puente, como metáfora de la nación imaginada que une la fragmentación del territorio nacional, sospechamos la búsqueda de la armonía geográfica, la necesidad de vencer la dificultad de ir de un lugar a otro, de establecer un puente con ese otro lado del corte que, en la imaginación del niño, está asociado con historias de brujas y duendes, historias escuchadas de la empleada que trabajaba en aquella casa de clase media urbana. Pero aquí él no sabía todavía que eran historias fraguadas al otro lado del puente. Esto se descubrirá después, cuando ya esas historias están bien cimentadas en el fondo psicológico de temores nacidos en las fantasmagorías de un mundo inmerso en supersticiones religiosas dirigidos a controlar, a manipular y a mutilar. La fotografía de el *Puente de las Américas* es la metáfora de la nación imaginada: ¿que nos une con lo que está más allá del puente? No hay discurso de la nación sin artefactos y hay determinados artefactos que nos vinculan con esa nación imaginada que busca la armonía a pesar de la fragmentación. En la siguiente foto familiar, *Las empolleradas: ¿armonía familiar?*, se expresa por un lado la "armonía" entre las que están posando para la cámara y, por otro lado, es el puente con esa nación imaginada que llega a las clases medias urbanas: la pollera.

Foto 6. Las empolleradas con donaire lucen el vestido nacional de Panamá ¿armonía familiar?

La cámara fotográfica atrapa la "armonía" familiar de la nación como una puesta en escena, pues la foto borra las fisuras que recorren la superficie de esa presentación. En esa búsqueda de la "armonía" en el movimiento de la cámara, descubrimos esas fisuras, líneas transparentes que solo resaltan si descubrimos el código que las sostienen, porque si bien la nación se imagina en la pollera, no deja de estar cruzada por la clase, por el bordado y los encajes de esos artefactos que lucen esas damas urbanas. Es la puesta en escena de la pollera, como nación imaginada, que nos vincula con la tierra y con la patria. La cámara fotográfica eterniza la fragmentación de la nación por símbolos de clases manifestados por la ampulosidad de un traje que debe representar a la nación panameña. En la recreación de esa nación imaginada, la cámara recorre los puntos de una representación que resulta ser efectiva, justo para ser marco y fondo de un discurso implícito, elaborado de antemano, lugar de exposición de la nación en la foto *Vasco Núñez de Balboa: el conquistador de turno*, *Las ruinas del Fuerte San Lorenzo y* el *niño que luce vestido típico "el montuno"*, fotos de reproducción de unos resortes imaginados de identificación de la nación construida. Aquí no se necesitan palabras para saber qué códigos, qué cuerdas determinan la música que estamos escuchando y qué vínculos reales o imaginarios se están realizando. La nación entierra su pasado en la colonia y en el conquistador, en aquellas ruinas y monumentos,  que nos sirven como testigos de lo que suponemos: no fuimos un producto arbitrario de los Estados Unidos. Nuestro vínculo, el Puente de las Américas, está dirigido a los primeros españoles que colonizaron América y al conquistador español, a la Madre Patria, que mira hacia el Mar del Sur levantando en el aire la cruz cristiana, es decir, pueblo católico en su tradición y en su trayectoria.

Foto 7. Vasco Núñez de Balboa: el conquistador de turno

Foto 8.   En El Fuerte San Lorenzo: búsqueda del pasado colonial

Foto 9.  El niño luce  vestido típico "El montuno": el folclore de la nación

Estas tres fotografías muestran los resortes visibles/ invisibles de secuencias fragmentadas que obedecen a un discurso coherente de narratividad de la nación que se especializa en borrar las fisuras. La cámara fotográfica de manera ingenua solamente "atrapa" esas secuencias, hace su recorrido por la ciudad de Panamá y la representación de nación imaginada queda como una tarjeta postal para recuerdos familiares.

## 3. Volver a la fragmentación

Sin embargo, hay una foto que habla de la fisura, del paisaje cortado, de la inconmensurabilidad de la fragmentación del espacio imaginado de la nación. Una foto que hace posible imaginarse que el corte que cruza la geografía es la metaforización del espacio vivido de la frontera, el espacio de experiencia vivida de toda una generación de panameños, una frontera infranqueable, inasible, que resiste la puesta en escena de la nación con sus monumentos, rituales y artefactos escogidos.

Foto 10.  La desembocadura del río Chagres: paisaje fragmentado

Con esta foto se revela una frontera interior, un corte que divide el paisaje, lo fragmenta en dos, y no hay puente que lo vincule, pero, sin embargo, muestra la desembocadura del río Chagres en el Atlántico, la conexión de Panamá con el mundo porque solo era posible construir este Canal si se dominaba este río. Pero el paisaje revela la fragmentación y logra establecer otra relación por lo que no representa, una especie de traición al objetivo del fotógrafo de solo plasmar lo que ve con su ojo ingenuo. Pero sus fotografías y especialmente esta le traicionan, le devuelven por camino inverso lo que no ha querido o podido fotografiar por faltarle el interés, la disponibilidad o, sencillamente, el ojo para ver lo particular de ese espacio fragmentado entre la ciudad de Panamá y la Zona del Canal. No es necesario pedirle al fotógrafo lo que nosotros quisiéramos, pero si se hace imprescindible revelar las ausencias, porque forma parte de esa narratividad que oscurece lo que no entra dentro de la galería formal de fotografías y esta ausencia es el fondo que sostiene la fragmentación que se resiste a atrapar a la ciudad de Panamá en su movimiento rítmico, a su gente variopinta y los destinos diversos. Hemos visto fotos de carnavales, bailarines con gorras de marineros, monumentos nacionales y artefactos como la pollera, en fin, todos rituales, ceremonias, poses frente a la cámara, pero la ausencia de lo "otro", lo que imposibilita ver la frontera no permite reconstruir el pulso nervioso de la ciudad fragmentada, no nos dice nada sobre la ciudad de Panamá como una ciudad transnacional, una ciudad de inmigrantes del Caribe, negra, una ciudad vinculada por historia y economía a la diáspora africana, ya sea por el tráfico de esclavos en el Período Colonial o por la inmigración, resultado de la construcción del Ferrocarril, el Canal Francés y el Canal Americano. Esta ausencia en la ciudad fragmentada de ese "Otro" no es resultado, sin embargo, de la ignorancia de su existencia. El autor de este texto recuerda como su padre le narraba vivamente una imagen de la ciudad de Panamá que lo dejó marcado en su propia representación: las ceremonias fúnebres de las logias de los negros caribeños de Panamá que se tomaban las calles, vestidos con sus trajes negros y sobrios, su música que sorprendían y contagiaba desde Calidonia hasta el cementerio Amador. Y no había panameño de "origen" de la ciudad de Panamá y menos de la ciudad de Colón que no debió ser testigo presencial de esta ceremonia, como de muchas otras, pero estas imágenes narradas que son como fotografías no fueron atrapadas por la cámara del padre en los años sesenta.

Esta ausencia es la revelación de la frontera con que se levanta la idea de nación en Panamá. El conflicto con la Zona, la fragmentación de la ciudad en dos, implicó y brindó un chivo expiatorio para justificar la cerrazón frente a una inmigración que, con sus tradiciones religiosas, culturales y lingüísticas, nunca fue aceptada como parte de la nacionalidad panameña. Ser panameño era hablar español, ser católico y transformar los patronímicos ingleses en españoles. Y no mencionemos el racismo. No era suficiente haber nacido en esta tierra que es, por cierto, el Ideal Ilustrado, el "ius solis", heredado de la ilustración que pertenece a toda República. A los negros del Caribe se les exigió y exigía la aculturación y de allí que intelectuales como Russell, en su absoluta radicalidad planteara que la asimilación a la nación es inaceptable mientras no se elimine el racismo y no se respeten las tradiciones culturales: "I would suggest to those who so argue that in the process of assimilation one culture absorbs the other. Soon the absorber cultures ceases to be. If that occurs then there is no buffalo, no heritage to preserve. What I am suggesting is not assimilation but the strengthening of Panamanian culture by retaining within it a strong an visible Caribbean presence that adds to the social, political, and economic vitality of Panama. It is the concept of "inclusion at its best" (2003, p. 46). La *inclusión*, entonces, no es para Russell la tachadura de la frontera en el paisaje de la nación panameña, pero sí la refronterización – por *inclusión* y no por asimilación – del paisaje de la nación por el reconocimiento y aceptación de la herencia y tradición afrocaribeñas en Panamá. No obstante, esta posición de Russell no deja de ser menos excluyente en términos culturales, mismo con respecto a los negros, que no hablan inglés y, en este sentido, coincide con el discurso nacionalista, romántico, de la nación panameña al excluir a los negros del Caribe por no hablar español.

En efecto, la Zona del Canal que cruzaba y cortaba el llamado territorio nacional fue nombrado como un "enclave" por no estar vinculada social, económica y políticamente con el resto del país. Es de aquí que, además, todo lo que perteneciera o estuviera asociado a la Zona, como lo estuvo un sector de la población negra caribeña, fuera vista como extranjera y extraña al cuerpo de la nación. No obstante, esta representación de la Zona no era exactamente lo más certera o la Zona vista como enclave borraba su vinculación con nuestro imaginario e, incluso, con nuestra economía más doméstica: ¿acaso no era el sueño de todo panameño comprar en los comisariatos de la Zona? Recuerdo con prístina claridad lo que eso significaba, poder comprar en el comisariato de la Zona, tener acceso a esos productos. Esta parte fracturada del territorio nacional estaba bien articulada en nuestra imaginación, no como un enclave, pero sí como un paraíso terrenal en medio del territorio, que mirábamos sobre la frontera establecida, una frontera que nos impulsaba a soñar más – equivocadamente o no – en ese paraíso inaccesible por la relación colonial que nos agobiaba, pero, sin embargo, no dejábamos de soñar en ella y posiblemente lo que más nos agobiaba era la certeza de que quienes vivían en la Zona, the *zonians*, asumían que vivían efectivamente en el paraíso. como lo demuestra este poema escrito por una ex*zonians* en tono nostálgico:

**"When I Think Of Panama"**

When I think of Panama, this is what I see/
Blue skies, ocean, river and streams/
The dark green jungle, fields, and plants/
The heavy rains and dry season breeze/
And big fluffy clouds/
and the ships that would slowly glide by/

When I think of Panama, this is what I see

(.....)

written by
© Mike Laurenzi
CHS "86"
Tomado de:  www.zonianlady.com


Leer este poema es ver la otra cara de la moneda, es decir, el ex*zonians* ha recuperado su paraíso perdido en la nostalgia, una reapropiación de la Zona del Canal por el recuerdo que incrusta su construcción de un espacio añorado y sentido, un espacio romántico, seguro, amistoso y verde, en fin, un pueblo que vive paralelo a la modernidad del Canal. Este es un acto de recuperación que, sin embargo, está vedado a los panameños, pues si bien estos últimos recuperaron el Canal de Panamá, un sueño acariciado por generaciones enteras, el territorio mismo de la exzona del Canal está reservado para el poder y el dinero, en fin, la frontera vuelve a cruzar el territorio nacional y lo refragmenta en clases y razas, donde el territorio de la exzona se convierte en una caricatura narrativa de una nación que,pretendidamente, quería devolverle el don más preciado a su gente.

# II. Cinco movimientos de sociología literaria y cultural

# A. La experiencia transnacional, la zona de tránsito y el Canal de Panamá

**2**

## *Noches de Babel de Ricardo Miró:* recepción, mimetismo y crítica de una novela transnacional

## Introducción

En la literatura panameña la novela *Las noches de Babel*, del quien ha pasado a ser el poeta de la patria, Ricardo Miró (1883-1940), por su poema *Patria* compuesto en 1908, mientras era vicecónsul en Barcelona, no ha formado parte del canon de la novela del país. Es un texto marginal, casi olvidado, que no está incluso dentro del paisaje intelectual hasta que muy recientemente el mismo fuera reeditado en Panamá y que además fuera objeto de atención en el extranjero aunque muy limitadamente[14.] ¿Cuál podría ser la razón de este no tratamiento y olvido del texto? ¿Es un texto mal escrito? Si bien *Las noches de Babel* podría adolecer de fallas estructurales o de composición por el deficiente manejo de la (s) voz/voces narrativa (s), el mismo presenta un aire de renovación impulsado tanto por el proceso de transformación en Panamá, operado por su inserción en el mercado global de transferencias, especialmente, por la construcción del Ferrocarril en el siglo XIX y del Canal de Panamá en el siglo XX, como por la consciencia literaria de Miró de encontrarse en una época donde la sensibilidad modernista no había pasado desapercibida. Es notable el lugar del vapor, de los extranjeros y del viaje en la novela de Miró, seguramente adquirida por la propia experiencia del bardo de haber cruzado el Atlántico. Él sabía muy bien que se encontraba en un país, cuyo atraso social y cultural,

---

[14.] Fue hasta el año 2002 que la Asamblea Nacional de Panamá reeditó esta obra bajo la dirección de Aristides Martínez Ortega.

a pesar del aire de modernización de las infraestructuras, estaba fuertemente enraizado en la mentalidad de una sociedad cuyas élites dependían de la buena fortuna de lo que en Panamá se conoce como la Zona de Tránsito – lo que aquí llamaremos el "ingenuo optimismo" –, de aquella zona que incluye el corredor del Pacífico al Atlántico y que conecta a las ciudades de Panamá y de Colón, una zona dedicada a la economía de servicios que incluye el canal, los puertos, bancos y comercio en general. Es, en esta Zona de Tránsito, que se desenvuelve la novela *Las noches de Babel*, la primera novela panameña que, según he podido hasta ahora investigar, se detiene con una aptitud de modernidad en el espacio de esta zona que implica la dinámica panameña de conectarse con la economía global[15]. Es, en este sentido, que para responder a las dos preguntas arribas formuladas hemos dividido este artículo en dos secciones, donde en la primera incursionamos en la recepción del mismo por la Ciudad Letrada para revelar la dificultad de aceptar este texto como representativo del país y en la segunda parte se incursiona en el carácter mismo de la novela, cuya potencial crítica de la modernidad operada en Panamá, pasó desapercibida por la crítica literaria de la época.

---

[15]. Para los efectos de este artículo establecemos una diferenciación pragmática entre modernización, modernidad y modernismo. Con el primero nos referimos a los procesos de cambios económicos y sociales, impulsados por la introducción, transferencias y producción de tecnologías y procesos de producción modernos (incluido el esclavismo en el Caribe), con el segundo el cambio operado en las mentalidades por la apropiación, recepción y distribución de productos materiales, científicos (descubrimientos y viajes) y simbólicos y, finalmente, con el tercero al movimiento artístico aparecido en las Américas desde finales del siglo XIX, que fue una manera particular (estética, cultural y política) de vivir en la modernidad.

## Lecturas encontradas de un texto olvidado por la ciudad letrada romántica[16]

En la década del cincuenta el cuentista, novelista y ensayista panameño, Rogelio Sinán (1902-1994), que, según Seymor Menton, "es probablemente el literato más destacado de Panamá" (2001, p. 399), publicó un ensayo que llevaba el significativo título de *Rutas de la novela panameña* (1957). Aquí Sinán no hace una clasificación de novelas, mucho menos un "catálogo de nombres", porque sería un "deslucido atentado contra la estética" (p. 103), pero lo que sí hace es una interesante composición histórica, geográfica y poética de la producción literaria panameña, dividiéndola entre la "ruta vegetal" (longitudinal, la de la tierra, de la carretera panamericana) y la "ruta mineral" (transversal, la de la máquina, la de tránsito que se ha prestado al mercado mundial), y de este juego, contradictorio, podría comprenderse, según él, "la dinámica panameña" (p.103). Aunque él no lo mencione, podría pensarse que él pondría la primera novela de Ricardo Miró, *Las noches de Babel*, publicada por entregas en el Diario de Panamá en 1913 (Miró,1972,p.104; Figueroa Navarro, 2002, p.9), en la ruta mineral, la de tránsito, la transversal, dominada por los "medios de transporte (ferrocarril, canal y carreteras) en lo que todo está muy limpiecito, barnizado, "prohibido". Esta ruta, que es como una infernal Babel de lenguas y de mezquinos apetitos, tiene para nosotros un carácter virtualmente extranjero (p.104), y, en este sentido, desde la primera página de la novela se revela a qué ruta pertenecería esta:[17]

---

[16] Se entiende aquí por romántico el nacionalismo intelectual y cultural que asoció una lengua, una tierra, una religión a la nacionalidad panameña.

[17] Pensamos que la segunda novela de Miró, *Flor de María* (1922), designada por él mismo como un "ensayo de novela", habría sido incluida por Sinán en la "ruta vegetal", por solo transcurrir en el mundo rural, a pesar que su personaje principal, que es un muchacho de campo que retorna a su tierra, había estado en París, New York y que "había cambiado con el viaje" (p. 22).

Las calles de la moderna Babel Intero-
ceánica zumbaban llenas de una multitud
heterogénea que hormigueaba, alegre y
vocinglera, con aquel contento del pueblo
trabajador en vísperas de una fiesta. Los
coches, los tranvías y los automóviles pasa-
ban cargados de hombres y que expresaban
en sus rostros la alegría de vivir, y de vivir
bien. De las puertas de la gran estación del
ferrocarril brotaba una multitud cosmopolita y pintoresca, que se disgregaba
por la gran explana que existe al frente,
y precipitándose en tranvías y coches se
repartía, tomando distintas direcciones.
El gran hotel Internacional resplandecía,
profusamente iluminado, y una orquesta de
señoritas alemanas llenaba de animación
los comedores. Después, a lo largo de la
avenida Central, los restaurantes y los
comercios, todo lleno de gente, se sucedían
en un desorden inquietante y febril que
denotaba la fuerza y la vida de la joven
ciudad que vigila la entrada del océano
Pacífico. De los alambres de los teléfonos
y de la luz eléctrica..." (2002 [1913], p.15).

Es, en esta ruta, que *Las noches de Babel* articula su
narrativa en un país que, según Frauke Geweke, "tuvo un
desarrollo modernizante algo tardío" (2000, p. 169). Habría
que pensar qué tan "tardío" fue ese desarrollo en un país que
ya contaba con una "ruta de tránsito" al tener un ferrocarril
desde 1855, incorporándose así a la <<tercera fase>> del
capitalismo global (modernización y transformación de
los medios de transporte y las rutas de tránsito) a partir de
la segunda mitad del siglo XIX (Ette, 2002, p.27). Pero, en
efecto, la pregunta sería cuál fue el impacto verdadero de la

entrada de Panamá en este "desarrollo modernizante" sobre la mentalidad, la cultura y las representaciones del país y aquí se le podría dar razón a Gewecke que este desarrollo es "tardío" si se le compara con otros centros culturales de las Américas como La Habana, Buenos Aires o México, atraso que, como veremos más adelante, fue también presentado por Miró en su novela. Ciertamente, como se lee en la cita de Sinán, esta ruta es designada por él como "una infernal Babel de lenguas y de mezquinos apetitos" y además "tiene para nosotros un carácter extranjero". Pero, ¿a quiénes interpela Sinán con ese "nosotros"? Lo cierto es que desde la primera página de *Las noches de Babel,* se muestra una ciudad que había acogido aparentemente, como suyo y propio, lo que implicaba pertenecer a un país por el cual ya estaba construyéndose un canal interoceánico y que tenía un impulso modernizante.

Aquí, sin duda alguna, coincidimos con Gewecke cuando afirma que esta "imagen dinámica de la gran ciudad" pertenece a cualquier urbe europea y que "refleja una decidida voluntad mimética por parte del autor" (p.174). Pero, como afirma ella también, es resultado de una "marcada voluntad de estilo que enfatiza ante todo lo sensorial" (p.174). Con esta afirmación sobre lo sensorial se refiere al perfil modernista de la novela, un perfil que no se detiene solo en la estética y que le permite integrar y comparar esta novela dentro del corpus modernista[18]. Y con respecto a lo mimético, esto no

---

[18]. Si se compara, por ejemplo, *Las noches de Babel* con *Sobremesa* (1925) del colombiano José Asunción Silva, puede decirse que, mientras que en la novela del panameño se celebran las virtudes de la modernización capitalista en el país (el Ferrocarril, ya construido desde 1855 en el Istmo, el automóvil, la luz eléctrica, los alambres de teléfonos y los cinematógrafos), en la del colombiano se exige todavía que se realice todavía la construcción del Ferrocarril. Además, el personaje principal de Sobremesa, José Fernández de Andrade, está recluido con sus amigos en su casa que escuchan su tormentosa historia en su largo y a ratos tedioso monólogo, y Rafael Umaña y Calderón, de *Las noches de Babel*, es un empedernido saltarín enamorado que no posee un mundo interior complejo.

haría más que reforzar la opinión de Sinán sobre el carácter "virtualmente extranjero" de todo lo que pertenece a esta ruta, como cuando este afirma – sin dejar de citar el ensayo *Panamá, país y nación de tránsito* de Méndez Pereira (1987 [1946]) – sobre la "psicología de pueblo de tránsito", lo siguiente: "podría pensarse en una psicología de amor al espectáculo callejero, es decir, una psicología de pueblo asomado a su balcón para ver el desfile del Carnaval grotesco cuyas máscaras pasan al son de tamboriles con tal frecuencia que, por estar mirándolos, el panameño ha descubierto el interior de su casa" (p.107). Leyendo esta cita no es difícil preguntarse si Sinán tenía conocimiento (o había leído) *Las noches de Babel*, porque su ensayo de 1957, que está signado a la usanza nacionalista de la época como "panameño", está lleno de referencias directas o indirectas a aquella novela de la "ruta de tránsito" (Babel, balcón, ferrocarril, carnavales, espectáculo y calle) sin mencionarla ni tan solo una vez.

Esta no mención u olvido del texto novelado de Miró por el ensayo de Sinán es cónsono con la línea histórica, dominada además por la poesía, género *per excellence* de la ciudad letrada de un país emergente en búsqueda de su identidad nacional, como puede verse en Roque Javier Laurenza (1933), en Guillermo Andreve (1940) y en Elsie Alvarado de Ricord (1961), entre otros, de no haberse detenido en la producción novelística del país que ya contaba para 1930, a pesar de su poco conocimiento, difusión y recepción, de un número considerable de textos (Barría Alvarado, 2003). Pero, en efecto, hay que decir que Sinán era cuentista y novelista y su ensayo iba dirigido precisamente a darle una respuesta al estrechísimo nacionalista de movimiento ruralista, aunque había declarado la zona de tránsito como "virtualmente extranjero". En aquella época quien proponía el ruralismo era Ramón H. Jurado, donde lo rural, "las zonas campesinas", debería convertirse en la "base de la nacionalidad" (1978 [1953], p. 60). Este autor, que planteaba en la novela y el cuento una "vuelta al campo", pendula entre llamar novela o intento de novela a *Las noches de Babel,* pero es claro que para él esta novela pertenece a esa Zona de Tránsito, a lo que llama el período de la Huida que va de 1901 a 1930, donde la literatura, el país, "vivió conscientemente de espaldas de la nacionalidad" (p.43).

Hago este exordio para mostrar qué tan difícil tenía la novela panameña. Y más lo tenía si se articulaba en el espacio urbano y denominado de la Zona de Tránsito para poner pie dentro de la ciudad letrada, como puede observarse en las observaciones de Rodrigo Miró (1972) sobre Demetrio Korsi. *Escenas de la vida tropical*, y Joaquín Beleño, *Luna verde,* y de Baltasar Isaza Calderón (1957) sobre Sinán con su novela *Plenilunio*[19]. Y *Las noches de Babel,* desde su primera página citada más arriba, huele a extranjería, a cosmopolitismo, a no panameño. Es, según Rodrigo Miró, un *ensayo o un intento* de novela[20]. Sin embargo, este no deja de hacer un

---

[19]. En esta línea entra muy bien el juicio de Rodrigo Miró sobre Darío Herrera, pues se corrige a sí mismo en un prólogo que escribiera para Lejanías (1970): "Por último, quiero aclarar y completar una afirmación nuestra poco feliz inserta en los "Apuntes sobre Darío Herrera", por muchos aceptada y repetida sin crítica. Le califiqué entonces como el "escritor menos panameño que se puede dar". Quise decir, en rigor que en su obra no se percibe interés en subrayar, como digno de especial atención el tema o ambiente panameño. Pero muchos de sus poemas, en especial sus sonetos, son claras descripciones de nuestros paisajes, cuentos y crónicas suyos están ambientados en Panamá. Si eso no fuera suficiente el espíritu cosmopolita que penetra toda su obra es característico de nuestra ciudad. Herrera representa, muy cumplidamente, lo que hay de universal en el carácter del panameño. Quede claro" (p.22).

[20]. Lo que sí es cierto es el que el mismo Ricardo Miró designa como "un ensayo de novela" *Flor de María*, su segunda novela, que a mi parecer fue un intento de minimizar y apaciguar así las reacciones adversas que había provocado la misma dentro de la mojigatería de la época, al decir, lo siguiente: "el libro fue tildado de inmoral, veladamente; pero lo que tal cosa dijeron se equivocaron, tal vez a sabiendas, porque, no solamente no existe en sus páginas nada que pueda ser ni remotamente inmoral, sino que los personajes principales de la obra se ajustan tan estrictamente a la moral de Cristo, que en el cumplimiento de lo que ellos creen su deber pasan del sacrificio para elevarse hasta el martirio. (1922, p. III y IV).

buen resumen al decir de la misma: "Miró nos había dado *Las noches de Babel*, mezcla de reportaje y novela policial, visión cinematográfica de la vida de la ciudad por los días en que finiquitaba la obra del Canal (1972, p. 262). No obstante, dentro de este contexto histórico de fundamentación y nacionalismo político y cultural, una mirada menos sesgada por el prejuicio del nacionalismo y la distancia con respecto a lo urbano, habría descubierto que la novela misma del bardo reafirma paradójicamente una frase de Rodrigo Miró que ha determinado por generaciones enteras de panameños su aproximación a la literatura nacional: "La Zona de Tránsito ha estado siempre, sin remedio, destinada a ser instrumento de los otros: de pueblos para quienes constituía el complemento lógico de su comercio exterior, de hombres que encontraron en ella el sitio ideal para sus proyectos de lucro rápido y fácil" (*Teoría de la Patria*, 1940, p. 160). Esta frase entraría muy bien para definir el espíritu de *Las noches de Babel,* pues si una lectura menos estrecha de lo nacional hubiera sido posible entre los críticos literarios románticos, se habría permitido entonces con mucha probabilidad reconocer el potencial crítico de la novela con respecto a la Zona de Tránsito, las costumbres, las vidas citadinas miméticas y, además, la corrupción de las élites.

**Ingenuo optimismo vs el país sin nostalgia: entre el mimetismo estilístico y el mimetismo pueblerino y arribista de las élites.**

En un país tan contradictorio y complejo como Panamá resulta innecesario, reduccionista y mutilante todos los intentos de representar o concentrar una pretendida identidad nacional en un autor en especial o en un tipo de género o subgénero literario ya sea con el "cosmopolitismo", como lo intenta Seymour (2001), el "ruralismo" como lo hace Jurado (1978 [1953] o en la "novela canalera" como lo plantea Jaeger

(2003). En ese sentido, se tuvo que esperar hasta la edición del 2002, emprendida por Arístides Martínez Ortega, para que se pudiera ver bajo otra óptica de recepción esta novela por entregas de Miró, cuando Figueroa Navarro nos llama la atención en el prólogo, al decir: "A veces, el optimismo de Ricardo Miró resulta ingenuo cuando pone en boca de sus personajes que el destino de Panamá será auspicioso porque se multiplican las inversiones de los norteamericanos y el oro yanqui hormiguea por doquier" (p.10). Aquí resaltaría este "optimismo ingenuo" (que no es nada casual o personal de Miró), pues esto lo pregonan las élites panameñas desde el siglo XIX, y el que provoca reacciones tan fuertes como las expresadas por Roque Javier Laurenza en *Los poetas de la Generación Republicana* (1933) y el ruralismo de Ramón H. Jurado.

Este "ingenuo optimismo" está muy bien expresado en ese "mimetismo" metropolitano que, incluso, parece impregnar al poeta en su propia vestimenta y forma de ser cuando Guillermo Andreve, después de declararlo "nuestro gran poeta nacional", lo dibuja, así: "Regó sus versos caprichosamente, como él mismo lo confiesa. Fue un bohemio del tipo más acabado. Curioso en su indumentaria muy barrio latino y en su modo de hablar, despectivo e hiriente; al par sagaz y chispeante. Fue Secretario de por vida de la Academia Panameña de la Lengua, a la que atendía con la misma despreocupación que a todo cuanto se le encomendaba" (1970 [1940], p. 30). Esta caracterización de Andreve sobre el diletantismo de Miró coincide con las observaciones de Gewecke sobre la voluntad mimética de presentar a la ciudad de Panamá como una gran urbe y, además, en términos de estilo – sin dejar de reconocerle como un "destacado representante del Modernismo o >>Postmodernismo>> panameño" (p.170) – no deja de hacer la observación sobre la inconsecuencia tanto en la psicología de los personajes como en la utilización del estilo indirecto tan propio de los modernistas en el género novelístico.

Habría que agregar a estas correctas observaciones sobre las inconsecuencia o inconsistencia de la obra de Miró que la misma es, sin embargo, un buen ejemplo de intertextualidad literaria que se muestra, por ejemplo, en la caracterización de la reina de Carnaval, que pareciera que es adquirida de la lectura de Baudelaire (1863) sobre el "hombre de mundo" que este diferencia del "artista", apegado a su paleta y a su *Atelier,* al decirse en la novela, lo siguiente: "Es una de nuestras señoritas más cultas, y ese cosmopolitismo que usted le nota se debe a que ha viajado mucho y se ha adaptado a todas las costumbres y todos los idiomas" (p. 23). En Baudelaire, a diferencia del artista, el "hombre de mundo" goza del público, se interesa por todo el mundo moral y político, es cosmopolita y viajero, y la novela *Las noches de Babel* transpira, aunque muy ligeramente, este aire baudeleriano donde "la modernidad es lo transitorio, lo contingente, la mitad del arte, cuya otra mitad es lo eterno y lo inmutable (p.10). Siguiendo esta intertextualidad de la novela también se podría pensar que ese otro aspecto de la eternidad que Miró cree encontrar es el "ideal, ese ideal eterno", que el personaje principal siente en su inquieta búsqueda del amor. Pero como acertadamente apunta Gewecke, a excepción de una figura exótica y oriental, que no deja ver su rostro y descubrir así su identidad, las dos figuras femeninas principales (y las escenas que transcurren con ellas) son extremadamente *cursis* o difíciles de digerir por su superficialidad. También la intertextualidad se deja ver en la presencia de Dante con su capítulo V de la *Divina Comedia* (capítulo que por otra parte ha sido objeto de óperas) por el nombre de la heroína femenina de la novela, que es nombrada como Francesca, y cuyo amante adúltero se llamaba Paolo en la historia real del siglo XIII. Pablo, que en la novela es el detective bohemio, dandista y *flaneur,* no deja de ser tampoco un superego de Miró que descubre – de una manera muy interesante y verdaderamente bien logrado – todo el entramado criminal alrededor de su secuestrada Francesca. Y esta intertextualidad se extiende no solo a libros, pasajes, personajes, sino también a paisajes, calles y barrios, como cuando la trama criminal transcurre en parte en el barrio de Bella Vista, específicamente en la mansión Villa Florencia, que es un espacio dominado por el piano (instrumento tan caro a los modernistas), el mobiliario art-déco, la ópera y el ideal femenino, puntos del modernismo y elementos todos que forman parte de un infierno dantesco en la Zona de Tránsito. Me parece que la falta de una verdadera "vida interior" del protagonista, que es un punto clave en la clasificación de Klaus Meyer-Minneman (1984) sobre las obras modernistas, es un punto que entra muy bien en el diletantismo e inconsistencia mironiana, a pesar de su mirada sagaz y crítica a ratos. Pero, en efecto, no se puede dudar de la voluntad de estilo de Miró, que posee una sensibilidad modernista, al descender uno de sus protagonistas principales de un barco de vapor, artefacto histórico de la modernidad capitalista en el siglo XIX.

Sin *Las noches de Babel*, que es una obra de ese "optimismo ingenuo", propio de un país que entra fascinado y deslumbrado por esa modernización capitalista que se opera bajo sus propios ojos, seguiría predominando la postura sobre el bardo Miró que escribiera Ismael García en su clásico texto *Historia de la literatura panameña* (1986 [1964]): "Yo lo definiría como Miró o la nostalgia, porque considero que ese combustible psíquico ocasiona toda la descarga emocional de su poesía"... "Miró es un poeta de obra muy breve, que solo tiene una nota: la nostalgia" (p. 63 y 64). Esta posición, por supuesto, está demostrada en su clásico poema *Patria* que no deja de ser el medio por el cual se forja "el sentido y la identidad nacional" (Espino Barahona, recuperado el 4 de abril del 2016). Y lo nostálgico, el recurso de la nostalgia, se ha comprendido incluso como uno de los aspectos claves y propios para comprender las sociedades postcoloniales[21]. Pero esta nostalgia, que puede leerse en el poema *Patria,* si bien no es posible encontrarlo en *Las noches de Babel,* lo que sí se puede encontrar es la estructura del verso 6, prácticamente una transposición en la siguiente frase que es por lo demás una perfecta representación de ese "optimismo ingenuo": "He ido por todas partes y he visto muchos carnavales, pero jamás vi una armonía tan perfecta entre el gobierno, la aristocracia y el pueblo" (p. 24)[22]. Esta frase es precisamente dicha por el granuja de la novela que es vuelta al revés por un personaje anónimo y que realiza una crítica socarrona de este "optimismo ingenuo", justamente allí en uno de sus puntos más débiles y evidentes:

> −No, señor, yo no me puedo acostumbrar
> hacerles reverencias a los canallas. Usted
> ve aquí infinidad de individuos que todos
> sabemos que son ignorantes, estúpidos y
> rastreros, pues han saltado de partido en
> partido y han tenido todas las opiniones;
> que no tienen ningún prestigio porque el
> pueblo los desprecia, y sin embargo, todos
> los gobiernos los distinguen sin que nadie
> se explique por qué y se empeñan en darles
> un valor que todos sabemos que no tienen
> ni nunca podrán tener (p.44).

---

[21]  Sin entrar en el debate sobre lo "postcolonial", que no es un término aceptado sin más desde que fue formulado (ver, D'Haen, 1997), encuentro pertinente la posición de Dennis Walda, al respecto: "Nostalgia is usually thought of in terms of longing and desire -for a longe home, place, and /or time. But it is also more than that. It is a longing for an experience -subjective in the first place, and yet, far for limited to the individual" (2011, p. 4).

[22]  Y el poema reza, así: "He visto muchas torres, oí muchas campanas / Pero ninguna supo "torres mías lejanas / cantar como vosotras, cantar y sollozar" (en Espino Barahona, s.p.).

Frases como estas son coherentes con respecto al "optimismo ingenuo", con ese optimismo de primer grado de una sociedad tradicional que toma la forma y el protocolo por el contenido mismo. Y como esta frase es punzante, no deja de ir al centro de una república, cuya modernidad[23], entendida como un proceso sociocultural y económico que transforma la sociedad tradicional, no logra ir más allá de la familia y de los lazos parentales, del clientelismo y de la ausencia de meritocracia. Y como esta frase va al centro crítico de esta problemática (que se muestra por la acción de los personajes), se revela así el barniz de pretendidas y nuevas prácticas sociales que cubre el pacatismo, la mojigatería y el provincialismo más descarnado de la élite panameña, orientada y moldeada por el mimetismo más exacerbado. Y en base a este "desarrollo modernizante algo tardío" a que hacía referencia Gewecke, esta élite no logra conformar, por lo tanto, ni una verdadera sociedad que sea digna incluso de llamarse como tal como muy bien se reconoce en la novela: "—No señorita, aquí hay grupos de familia, de parientes, que forman un círculo para divertirse y nada más. Pero no una sociedad constituida como la de todas las ciudades del mundo" (p. 93). Esta consciencia del atraso es manifiesto en *Las noches de Babel,* porque, como se afirma en la novela, no hay una sociedad como en La Habana o en San José, donde habían cronistas sociales que vivían medianamente de su oficio de periodistas. Es una consciencia doblemente frustrada pues se sabe que ese "optimismo ingenuo" solo afecta a la capa superficial sin que realmente cambie el

---

[23] Aquí sigo la útil diferenciación que hace Gewecke – siguiendo a Calinesco – entre "modernidad como concepto sociopolítico que se traduce, en el terreno de las instituciones y prácticas sociales, en un acelerado proceso de tecnificación y crecimiento, >>with its ideals of racionality, utility, progress<<, y la modernidad como concepto estético y discursivo que se traduce, en el terreno de las prácticas culturales, en un afán de renovación y exploración de nuevas sendas" (p.168).

carácter pueblerino y provincial de la sociedad y de las élites. Solo es necesario un ladrón, secuestrador y estafador, Enrique de Picardelli, cuya admiración por su supuesta riqueza nace "porque gasta mucho" (p.21) para que logre a base de su buen parecido y artimañas pretender a la hija de un nuevo rico, "que se había labrado una enorme fortuna rápidamente" (p.73). Pero este granuja, que no es más que el espejo sobre el cual se proyecta la granujería de la élite, proviene precisamente del extranjero, es un argentino de origen italiano, que deslumbra a sus pares con su estilo "sport" y la promesa de "grandes negocios" (p.20). Una lectura fácil afirmaría que esta élite es víctima de este granuja, pero el mismo solo pudo tener éxito en el campo abonado de ese "optimismo ingenuo", nacido en el seno de una élite llena de trajes suntuosos, de automóviles de lujo, de champán y de matrimonios arreglados.

Si para Doris Sommer, el amor ha actuado en la novelística latinoamericana como una narrativa de nación en el período romántico, podría afirmarse que *Las noches de Babel* es, justamente, lo contrario con respecto a la fundamentación de la nación a través del amor[24]. Su "optimismo ingenuo", que es además una orientación bien pragmática hacia la riqueza fácil y rápida, no permite concesiones a la idea romántica de nación del siglo XIX como está planteada en algunas novelas de este período. Y el narrador acentúa esta distancia

---

[24] Lo que sí puede afirmarse es que el personaje principal en Las noches de Babel se casa con una argentina de origen italiano, Francesca. Pero esta no es nacional. El joven en Flor de María, quien había vivido una experiencia cosmopolita en New York y París, pierde a su amada (que se suicida) del pueblo donde él había nacido y regresado para contraer nupcias con ella, porque la madre le reveló a la joven que en verdad era hermana de él. La muerte o condición de extranjería impide cualquier salida romántica de la nación por el amor. Lo que conecta además a ambas novelas es que algunos personajes están recién desembarcados del vapor y llegan a la ciudad de Panamà en *Las noches de Babel* o al pueblo en *Flor María*.

con respecto a ese ideal cuando pone en boca de la hija de un nuevo rico, cuyo origen de su riqueza es completamente desconocido, lo siguiente: "casarme yo con un panameño... decía Tina lastimosamente" (p.73). Para darle, incluso, un poco más de relevancia a esta figura, debe decirse que, a pesar de ser ella el resultado del mito mestizo de nación, "hija de un castellano de pura sangre y de una legítima chola" (p.73), ni su propio padre pretende casarla con ningún miembro de la élite panameña. El mito romántico y mestizo de nación no alcanza a cubrir ese "ingenuo optimismo" que no se escapa de una observación dura y certera sobre la trayectoria de esta jovencita, realizada por el narrador:

> ... en Tina se manifestaba aquella insolencia agresiva de las personas que cambian de posición pecuniaria de la noche a la mañana, sin estar preparados para el cambio, y que denota siempre un desequilibrio notable entre el rango social y la cultura intelectual ... Tres o cuatro años en colegio de los Estados Unidos y de Europa le habían dado cierto barniz espiritual, que a poco de profundizarse, quedaba al descubierto lamentablemente, y luego algunos viajes, de recreo por las principales ciudades del Viejo Mundo completaron su educación y le dieron aquel aire distinguido que le daba prestigio a sus sombreros y trajes, y que la hacía pasar por una reina de belleza y elegancia. Y así era como Tina, sosa y trivial como muchas de nuestras mujeres, fundada en sus millones, tenía terribles altiveces que habían puesto en torno de ella un círculo agresivo que nadie se atrevía a franquear (p.73).

Bajo esta observación, por lo demás muy sociológica del narrador en tercera persona, que, por otra parte, está muy lejos de ser mimética, es imposible reconciliar la construcción de nación con la romántica representación del amor que salta sobre clases y razas. En efecto, para acentuar esta superficialidad de este "optimismo ingenuo", es el granuja por quien se decide Tina (y también su padre) en detrimento final de su fama y su ostentosa posición social que se caracteriza por el consumo ocioso, propio de una clase rentista, patrimonial y acostumbrada a los golpes de suerte (o desgracias) que ofrece la Zona de Tránsito. En este sentido, *Las noches de Babel* podría interpretarse en parte como la apuesta al mejor postor que mantiene una élite por la repentina y milagrosa riqueza que le confiere la Zona de Tránsito, pero lamentablemente la novela termina perdiéndose en el diletantismo, el mimetismo y en la superficialidad de Miró al dejar que su personaje principal, el bien logrado detective, que, por cierto, no sabemos qué ocupación tiene o cómo se gana la vida (muy propio de su perfil de *dandy*), pierde su fuerza con ese inverosímil y *cursi* amor por Francesca que denota la inconsistencia literaria de quien ha pasado a la historia como el poeta de la patria.

## Conclusión

*Las noches de Babel* de Ricardo Miró constituye en la víspera de la construcción del Canal de Panamá, si bien no la primera novela escrita en Panamá, sí la primera que revela consecuentemente lo que aquí he llamado el "optimismo ingenuo" en el marco de un país transnacional, es decir, no critica desde afuera o externamente las limitaciones culturales e ideológicas de la élite articulada en la Zona de Tránsito, de promover y someterse a la repentina y fácil riqueza de sus advenedizos y granujas, sino que desde dentro proyecta las vicisitudes de una modernidad limitada y truncada por la persistencia de estructuras tradicionales que cruzan la familia, la sociedad y la cultura, a pesar que la modernización operada en la Zona de Tránsito transforma aceleradamente la conexión del país con la economía global. Es, *Las noches de Babel*, un proyecto de modernidad (social y estética) que Miró lanza en Panamá (por sus caracteres modernos de gran ciudad, de lujos y consumos suntuarios, de avances y aplicación técnicas, de sensibilidad artística y novedades) que no termina de ser moderno porque el narrador (el *alter ego* de Miró) proyecta tan solo la aspiración irrealizada y frustrada, las carencias y la extranjería del narrador. El cosmopolitismo, como signo de modernidad, es tan solo una especie de maquillaje que, en verdad, permanece tan extraño y superficial a la élite como a quien narra la novela y de aquí entonces su valor como lectura primeriza de la modernidad que en Panamá se revistió de este "optimismo ingenuo" en la Zona de Tránsito.

**3**

# Marginalidad y centralidad en la literatura panameña

## La novela canalera: ¿un género transareal caribeño?

En la literatura panameña la obra de Eric Walrond, a diferencia de la de Joaquín Beleño, no pertenece al *corpus* de lo que se conoce por la novela canalera o del Canal[25]. Y en este sentido hace falta un estudio comparativo de cómo se ha narrativizado el Canal de Panamá, o, mejor dicho, cómo se ha presentado en los autores de ascendencia caribeña y panameña (algunos de ellos de ascendencia caribeña como Carlos Guillermo Wilson, Carlos Russell, Melva Goodin y Gerardo Maloney) la modernidad política, económica y cultural que inauguró la inserción de Panamá y de la región en la <<tercera fase>> del capitalismo global (modernización y transformación de los medios de

---

[25] Con respecto al término novela canalera ya en la contraportada de la primera edición de *Curundú* (Premio Ricardo Miró en 1956, sección novela) se afirmaba lo siguiente: "Esta obra conjuntamente con Luna verde y Gamboa road gang, complementan la novelística canalera del Istmo, cuya temática constituye una excepción en la literatura internacional" (Curundú, 1963). Estudios recientes como el de Frauke Gewecke (2000), Francis Jaeger (2003), (se quitó para evitar identificaciones) (2005) y el de Grinberg Pla/ Mackenbach (2009), han estudiado este género o subgénero de la novelística latinoamericana en la obra de César Candanedo, Joaquín Beleño y Ricardo Miró. El estudio de Denise Frederick (1997), si bien no gira en torno a los clásicos de la llamada novela canalera, el tratamiento del Colon Man se incribe dentro y a través de ese fenómeno de la modernidad capitalista, el Canal de Panamá, en la obra de Eric Walrond, Claude Mckay, George Lamming, Marysse Condé y Michael Thelwell.

67

transporte y las rutas de tránsito) a partir de la segunda mitad del siglo XIX[26]. El estudio que aquí presentamos es un inicio de esta problemática todavía inexplorada, es decir, la pregunta sería si es posible poner en diálogo y contrastar un conjunto de textos que hasta ahora no han sido tratados comparativamente, transarealmente, porque hasta la fecha se han analizado y clasificado los textos de acuerdo a las líneas de demarcación lingüísticas, culturales y, finalmente, nacionales. ¿Es posible comprender la novela canalera como la base de un estudio transareal que cruce las fronteras nacionales y que corresponda precisamente con esa tercera fase del capitalismo caracterizado, además, por las grandes migraciones interregionales y transregionales (el Caribe y el Pacífico) que han marcado el carácter migratorio de la región centroamericana y el Caribe y, especialmente, el carácter diaspórico de la migración forzada/voluntaria caribeña al istmo?[27] En efecto, Shalini Puri, sin negar la existencia real de los estados nacionales, hace hincapié en el carácter

---

[26] La primera fase se inicia con el descubrimiento de América por Cristóbal Colón en 1492; la segunda a partir de la segunda mitad del siglo 18 que determina no solo el dominio cartográfico de la tierra sino también el colonialismo europeo, la tercera fase se caracteriza por la participación creciente de los Estados Unidos y, sobre todo, por la racionalización de todas las facetas de la vida determinada por el cambio significativo del factor tiempo; la cuarta fase se inicia en el último tercio del siglo XX caracterizada actualmente por "eine weltweite vernetzung" [una red global] (Ette, 2002, p.27). En efecto, yo le agregaría a esta cuarta fase el hecho histórico, económico y cultural que significa el gradual desplazamiento de las relaciones de poder del mundo del Atlántico al mundo del Pacífico, China, India, y los países del sudeste asiático.

[27] Shalini Puri para referirse a esta inmigración ha acuñado el concepto de Marginal Migrations para visibilizar un tipo de inmigración interregional que ha pasado desapercibida al sugerir que: "(...) the prioritization of migrations to the metropolitan centers has produced concomitant forms of invisibility" (2003, p. 3). La autora, entonces, con este concepto, trabaja el siguiente punto: "Marginal Migrations also explores the relationships not only of dominant to subordinate, but also of various subordinated minority groups to one another" (p. 6).

transnacional e híbrido de esas migraciones marginales en estructuras desiguales de poder, de conocimiento, de racismo, de opresión y de explotación, aspectos estos que están presentes en los textos de Eric Walrond y de Joaquín Beleño.

Ciertamente, pensar en la novela canalera es asociar a este género o subgénero literario  con el Estado-nacional panameño, que, según Frances Jaeger, tiene la misma función fundacional que las novelas románticas del siglo XIX que analiza Doris Sommer en *Foundational Fictions* (2003, p.8). En esta línea de argumentación, pero haciendo hincapié en el carácter transgresor de esta novela, frente a un Estado nacional dependiente y semiocupado, Grinberg Pla y Mackenbach afirman que "la novela canalera se destaca por una especie de "intento recuperatorio" de su función simbólica a los efectos de fundar o aseverar la identidad nacional más allá de la independencia formal, recurriendo a la denuncia social y a un discurso antidependentista" (2009, p.5). En efecto, la novela canalera es impensable sin la relación histórica que se establece entre un poder económico y político en su apogeo, los Estados Unidos, y una República que establecía en su artículo 136 de la Constitución de 1904 su carácter de ser un protectorado[28].

Sin embargo, la modernidad económica  que representó el Canal de Panamá – aparte de que la Zona del Canal fue un proyecto político, cultural y social (Herbert y Marie Knapp, 1984)– cruzó las fronteras del Estado-nacional panameño. Y es de aquí que propongo que se comprenda la

---

[28]  "El gobierno de Estados Unidos de América podrá intervenir, en cualquier punto de la República de Panamá, para restablecer la paz pública y el orden constitucional si hubiere sido turbado, en el caso de que por tratado público aquella nación asumiere, o hubiera asumido la obligación de garantizar la independencia y soberanía de la República" (artículo 136 de la Constitución de 1904).

novela canalera (independientemente de un género literario específico) como expresión tanto de la fundamentación/ recuperación de la nación panameña como también de la modernidad caribeña en toda su complejidad histórica con respecto a la inmigración, la relación y conflictos entre etnias, razas y clases, la tensión entre un estado nacional dependiente y los Estados Unidos y las colonias del Caribe con los imperios respectivos. La novela canalera ganaría así, entonces, un carácter transareal y transgenérico en la cual los autores del Caribe, como Eric Walrond, no incluidos en el corpus literario de la nación, por estar determinada su frontera en el corsé de la literatura nacional[29], entrarían en esta geografía de representación/presentación literaria sobre uno de los fenómenos históricos más estrechamente ligado –y frecuentemente soslayado – con respecto al Canal de Panamá: las migraciones marginales.[30] En efecto, con respecto a la inmigración del Caribe a Panamá podría afirmarse que se ejecuta una doble invisibilidad, por un lado, en los estudios diaspóricos esta inmigración no es estudiada suficientemente y, en Panamá, el corpus clásico de la novela canalera excluye aquellos textos no nacidos al calor de la fundamentación/recuperación de la nación panameña.

Podría afirmarse que uno de los éxitos de la literatura nacional en Panamá fue haber separado la existencia del Canal de Panamá del Caribe, de autores crecidos o nacidos

---

29. A este respecto, Carlos Guillermo Wilson (Cubena) escribió: "Panamá no tiene un Chichén-Itza o un Cuzco. La carencia de un motivo que nutra el orgullo nacional le ha dado importancia al idioma nacional como substituto y casi como el máximo símbolo patriótico" (1975, p. 152). Es a partir de aquí que se ha fundamentado de la nacionalidad panameña, el lenguaje castellano.

30. Presentando el artículo de Rhonda Frederick aparecido en la antología Marginal Migrations, Shalini Puri hace mención que, "Although there exists a rich body of specialized literature on the Panama migration, that literature has remained relatively separate from the theoretical considerations of Diaspora Studies" (p. 8).

en Panamá de ascendencia caribeña. Es decir, el Canal es un problema que solo le concierne a la romántica nación panameña[31]. En este sentido, el Caribe, ya sea por omisión consciente o por desinterés, no ha estado contemplado en el estudio de la literatura panameña y, en particular, de la novela canalera[32]. Este género contemplado dentro de la frontera nacional, sin que se tome en consideración su carácter transareal, sigue reproduciendo esta exclusión de una literatura nacional que, por el lenguaje y su cultura híbrida hispana, determina las coordenadas de inclusión/ exclusión y que incluso sigue excluyendo a los autores

---

[31] Pero mismo llegar a este punto no fue fácil si se toma en consideración la resistencia de Rodrigo Miró con respecto al tema y a las novelas de Joaquín Beleño: "Beleño asume en ocasiones, por boca y acción de algunos personajes, la representación del panameño. Fracasa por inauténtico, proponiéndonos héroes de discutible panameñidad. Beleño parece no percatarse de que el tema zoneita, fundamento de su triunfo relativo, es al mismo tiempo su talón de Aquiles. Porque limita cuando no niega las posibilidades representativas de su obra desde un punto de vista humano y ambiental. Y no se percata de ello en virtud de que su visión de lo panameño es igualmente insuficiente y parcial. Para Beleño no existen amplios sectores de la nacionalidad, por completo ajenos a su experiencia. Y la Zona del Canal es, por fortuna, **una parte mínima de la realidad de Panamá...**" (1972, p. 277, resaltado es nuestro). Para Miró, la nacionalidad panameña no se originaba en las ciudades de Panamá y Colón con todos sus inmigrantes, la zona de tránsito, entre otras. Para él la nacionalidad se originaba en el interior de la República, la "reserva de la nación" (1947, p. 162). Pero también hay que reconocer que antes de su muerte, Miró escribe un artículo sobre Carlos Guillermo Wilson, aunque no deja de seguir hablando de "detalles", al reconocerle al autor: "un auténtico interés por penetrar en las interioridades de la vida panameña **con detalles** que no son frecuentes en nuestra narrativa, salvo en el capítulo de la novela histórica" (La Prensa, 1995, el resaltado es nuestro).

[32] Esta exclusión puede seguir observándose en la primera edición del *Diccionario de la Literatura Centroamericana* (Chacón, 2007), porque no están incluidos aquellos autores (as) del Caribe panameño que han expresado y representado en sus textos la complejidad de la inmigración del Caribe a Panamá, como por ejemplo, Carlos Russell, Gerardo Maloney, Melva Goodin y Carlos Guillermo Wilson.

panameños, de origen caribeño, que escriben en inglés o en español[33]. Es así que en este ensayo queremos establecer la siguiente pregunta: ¿cuál es el lugar de Eric Walrond – y de otros autores caribeños – en la llamada novela canalera? ¿Podría pensarse que los temas que preocupan a este autor son incluibles en este género a pesar que no escribió novelas? Parto del criterio que los cuentos de Eric Walrond, recopilados en *Tropic Death* (1926), son perfectamente comparables con los textos clásicos de la llamada novela canalera, porque dan, cuentan y registran la mirada excluida de una literatura nacional que no ha querido reconocer la diferenciación interregional y transareal que significó la construcción del Canal de Panamá.

A través de esta mirada excluida/marginal es posible demostrar, por ejemplo, el carácter parcial de la literatura nacional que, con Joaquín Beleño, consagró esta exclusión de la inmigración caribeña en la representación literaria, por la no diferenciación interna de esta inmigración. Por otra parte, parece ser que no hay otro u otra que hable por ese tema, sino es por y a través del autor panameño que, según el propio Wilson, "es el mejor novelista que mejor ha presentado en su narrativa la problemática de la Zona del Canal, en todos sus aspectos: discriminación racial e injusticia zoneita" (p.100). En efecto, aquí no se trata de negar o relativizar la importancia de Beleño, pero sí de realizar un estudio comparativo, transareal, para demostrar que, si el tema canalero se define por la "discriminación racial" e "injusticia zoneita", precisamente los escritores del Caribe no incluidos dentro del canon clásico de la novela

---

[33]. Los textos de Carlos Russell, por ejemplo, están escritos en inglés. Su pieza de teatro *An Old Woman Remenbers...* (1995) está dentro del tema canalero – para no decir novela canalera – por la relación de esta inmigración a Panamá por el Canal.

canalera, podrían mostrarnos el reverso de un discurso oficial, literariamente consagrado, que los había presentado por un lado como seres sumisos y entregados sin más al sistema zoneita de jerarquía y dominación y, por otro lado, como simplemente jamaicanos, criollos (los hijos de los antillanos nacidos en Panamá) o chombos, utilizado despectivamente para designar a los negros de las Antillas[34].

## La mirada diferenciada: el discurso marginal/excluido de la nación

Más que considerar a Joaquín Beleño como el mejor recreador de la novela canalera (Wilson, 1975), estudios más recientes han estudiado el contenido de la novelística canalera con respecto a la nación panameña, ya fundamentado una narrativa a la nación (Jaeger, 2003) o supliendo la insuficiencia narrativa de una nación (Grinberg Pla y Mackenbach, 2009). Especialmente, estos dos últimos autores han comparado la novela canalera con la novela bananera, definiendo esta última porque "cuestiona el modelo tradicional-oligárquico de la formación del Estado-Nación y de la construcción

---

[34]. El término chombo se utiliza para designar despectivamente a los negros de las Antillas. En Panamá, se ha hecho una diferencia entre el negro "antillano" y el "colonial", el primero habla inglés o es bilingüe, es predominantemente protestante y vino al país con la construcción del Canal, y el segundo habla español, es católico y su ascendencia se extiende hasta la colonia española ideas prácticas de Look Lai permite no circular en el debate tradicional de si podría considerarse las diásporas no judías, como la africana y la china, como fenómenos diaspóricos. De hecho, la deportación,la dispersión,la inmigración y la fragmentación denota a la diásporas en general y , particularmente, a la afrocaribeña en la región. Jame Cliffortd discute también el concepto tradicional de diáspora y concluye que un "Decentered,lateral connections may be as important as those formed around a teleology or origin/ return. An a shared ongoing history of displacement, suffering, adaptation, or resistence may be important as the proyection of a specific" (1997,p.250).

de una identidad nacional desde un proyecto popular-clasista" (p. 5). Efectivamente, con Joaquín Beleño, y los otros escritores centroamericanos, se cruzan dos realidades históricas y geográficas: Centroamérica y el Caribe. Con *Flor de banana* (1966), Beleño participa de la novela bananera y con sus tres novelas canaleras, a saber: *Luna verde* (Diario Dialogado) (1951), *Gamboa road gang* (Los forzados de Gamboa) (1960) y *Curundú* (1963), está en conexión con el Caribe, la inmigración diaspórica/caribeña a Panamá. En *Flor de banana* el sujeto/objeto de este enclave económico no es el inmigrante del Caribe. Pero sí el indio. De hecho, la inmigración caribeña también está presente en la novela bananera de Beleño, aunque solo como referencia al ser parte de un sistema parecido al de Puerto Armuelles, el enclave bananero, es decir, la Zona del Canal. Por otra parte, es importante puntualizar que en las novelas canaleras de Beleño, si bien no se propone "un proyecto popular-clasista", sí hay un cuestionamiento del "modelo tradicional-oligárquico del Estado-Nación" porque entre sus personajes hay siempre un estudiante, del Instituto Nacional, un arielista, quien pone en entredicho la autoridad moral del Estado-Nación.[35]

Pero este cuestionamiento, por otro lado, está vinculado por fuerza – por el tema y por el espacio citadino – con ese inmigrante caribeño que, desde la novela del ecuatoriano Aguilera Malta *Canal Zone* (1935), es tratado llanamente como jamaicano, criollo o chombo. Aquí la novela canalera de Joaquín Beleño pertenece a la mirada predominante, es decir, a contrapelo tiene que reconocer lo siguiente: "Por otra parte me veo en la obligación de aceptar la antillanidad de esta ciudad. El fondo de Guadalupe, Santa Lucía, Cuba,

---

[35] Incluso las mujeres – símbolo de la patria – no se eximen del juicio moral de este arielista:"verdaderamente las mujeres no tienen dignidad" (Beleño, 1951, p. 194). Es sintomático el uso frecuente de la palabra dignidad en la novelística de Beleño, Alfredo Cantón y otros autores del período.

Jamaica y Puerto Rico, han demarcado un sello en su vida cosmopolita" (1951, p. 206). Efectivamente, el narrador en la novela se ve en la obligación de "aceptar la antillanidad" de la ciudad, pero, sobre todo, con esta obligación, ocurre lo que permanentemente está ausente en la novela canalera: el narrador se somete a la diferenciación. Menciona las islas de proveniencia de los llamados antillanos, islas donde se hablan tres idiomas diferentes, el inglés, el francés, el español, tres historias imperiales con que tuvo que lidiar en the *Middle Passage* la diáspora caribeña[36].

Y esta mención diferenciada de la antillanidad es la que pertenece a la marginalidad de la representación consagrada de la literatura nacional, de la novela canalera que en su "intento recuperatorio" de la nación por cuestionar el modelo tradicional-oligárquico, puso a la vez en escena la exclusión por la ausencia de una mirada diferenciada de una inmigración compleja y contradictoria en términos culturales, políticos y económicos. Es aquí, entonces, que esa mirada marginal a la nación, no consagrada por la literatura nacional, se realiza a través de un escritor de la diáspora caribeña como Eric Walrond que al escribir *Tropic Death* (1926), "does not promote a unified or fixed Caribbean subjectivity" (Frederick, 2003, p.50). Ciertamente, en el

---

[36] En este ensayo, utilizo el término diáspora de una manera pragmática como lo entiende Walton Look Lai para designar la dispersión migratoria (2006, p 223). En efecto, podrán encontrarse múltiples definiciones con respecto a la comprensión del concepto diáspora (López-Ropero, 2004), pero la idea práctica de Look Lai permite no circular en el debate tradicional de si podrían considerarse las diásporas no judías, como la africana y la china, como fenómenos diaspóricos. De hecho, la deportación, la dispersión, la inmigración y la fragmentación denotan a las diásporas en general y, particularmente, a la afrocaribeña en la región. James Clifford discute también el concepto tradicional de diáspora y concluye que un "Decentered, lateral connections may be as important as those formed around a teleology or origin/return. And a shared, ongoing history of displacement, suffering, adaptation, or resistance may be as important as the proyection of a specific origin" (1997, p. 250).

cuento *The Wharf Rats,* Walrond nos ofrece una mirada interna y diferenciada de los trabajadores negros del Caribe, una mirada que no encontramos en Beleño, cuando el narrador del cuento, afirma:

> In the first of the six chinky cabins making up the family quarters of Coco Té lived a stout, potbellied St. Lucian, black as the coal hills he mended, by the name of Jean Baptiste. Like a host of the native St. Lucian emigrants, Jean Baptiste forgot where the Frenche in him ended and the english began. Hes speech was the petulant *patois* of the unlettered French Black. Still, whenever he lapsed into His Majesty's English, it was with a thick Barbadian bias (p. 68).

Esta cita de Walrond es llamativa por dos aspectos: a) menciona de qué isla proviene Jean Baptiste y, además, b) llama la atención al poner en evidencia el hecho de que él está en medio de un proceso cultural de transformación al pendular y mezclar el francés, el inglés y el creol. Este proceso dinámico de transformación de la inmigración antillana a Panamá es un punto fundamental que está ausente en la narrativa de Beleño, no lo encontramos en sus tres novelas canaleras *Curundú, Luna verde* y *Gamboa road gang.* Por ejemplo, en esta última novela que está inspirada en un "hecho real", el personaje principal es Atá, quién ha sido condenado a prisión por haber violado supuestamente a una americana de la Zona del Canal[37]. Atá, es un "chombo-blanco" (hijo de

---

[37]. Para un investigador como Carlos Guillermo Wilson esta novela "es una denuncia de la discriminación racial e injusticia de la justicia norteamericana" (1975, p. 97). Y es así que él además escribe lo siguiente entre paréntesis: "(En 1962, dos años después de publicarse la novela de Beleño, los norteamericanos, avergonzados, decidieron conmutar la sentencia de Lester León Greaves)" (p. 97).

un americano y de una negra), y a través de su lenguaje se proyecta como en un espejo la ausencia de diferenciación de los panameños (y de Beleño) con respecto a la inmigración antillana. Y después de que Atá ha discutido y se ha defendido contra sus compañeros panameños de prisión, en el cual afirma "los amigos míos que son negros no son panameños, porque ustedes no los quieren y los desprecian" (p. 161), el narrador omnisciente de la novela recurre a su lenguaje generalizador para resumir la escena de disputa realizada:

> Estas disputas entre jamaicanos criollos
> y panameños eran muy frecuentes en la
> prisión. Los jamaicanos llegaban, al final de
> la discusión, a decirle a los panameños que
> eran vendidos, que no tenían patria y que los
> Estados Unidos cuando quisieran se tomaban
> a Panamá sin disparar un tiro (p.161).

En efecto, se llega a saber por uno de los personajes que comparten la prisión con Atá que la madre de Atá es barbadiense, pero este detalle que diferencia a Atá, de la designación general de jamaicano, negro o chombo, no juega ni un papel en la configuración de la figura, y así finalmente este detalle termina desapareciendo bajos las palabras de jamaicano creol (nacido en Panamá), negros, chombos, y los demás términos peyorativos y generalizantes para insultar a los otros panameños. De hecho la tragedia de Atá es que, a pesar de tener un padre norteamericano como soldado, y de tener piel clara, no es aceptado como blanco. Este punto de conflicto de conflicto e identidad "racial" está presente también en la narrativa de Walrond, especialmente, en el cuento *The Palm Porch*, en el cual el autor es coherente con su posición de no solo dar una imagen "positiva" de los negros. En 1925, un año antes de que se publicara *Tropic Death*, el autor en su polémica con aquellos US autores escriben en su ensayo *The Negro Literati*, lo siguiente: "As a foreigner, I think I can understand the reason for this. Always conscious of the color problem the negro writer in the United States is vigilantly censorious of anything in his work or expression which may put the black race in a disparaging light [...] All this to me represents the attitude of the person who is obsessed by the inferiority complex. That is what I meant when I said the Negro writer is still enslaved spiritually" (en Parascandola, 1998, p.130).

Efectivamente, en el cuento *Palm Porch* el personaje principal es Mss. Buckner, una *maitresse* de un burdel en la ciudad de Colón, cuyas siete hijas trabajan para ella. Mss. Buckner tiene como Atá el problema de la piel "...that Miss Buckner would have liked to be white, but, alas! she was only a mulatto" (p.91). Pero, a diferencia de Atá, que se resigna a su condición de ser mulata, ella puso toda su trágica y decepcionada esperanza de mejoramiento "racial" en sus hijas y, particularmente, en una de ellas que era su "eternal disgust" porque era tan "white as a white woman" y terminó fugándose a la edad de diecisiete años "with a shiny-armed black who had at one time been sent to the island jail for the proletarian crime of praedial larceny (p.91). Y con la otra hija, que era la mayor de todas, su decepción no era menor, al tener aquella un hijo con un mulato, un cristiano de la iglesia moraviana, pero que tan solo tenía un salario de setenta dólares por mes en el *Silver Roll* de la Zona el Canal, "—waves of an accursed silver employee. Silver is nigger; nigger is silver. Nigger-silver" (...) "Why couldn`t he be a Gold" one? Gold is white, white is gold. Gold-white! "Gold", and get $ 125 a month, like "de fella nex" tarrim, he? Why, him had to be black, an´ get little pay, an" tek way me gal picknee from me" (p. 91 y 92)[38].

---

[38] En la Zona del Canal, que era un área 1.432 km2 administrada por los norteamericanos, había dos sistemas de pago: *Gold Roll y Silver Roll*. Los norteamericanos blancos eran pagados de acuerdo al primero y los antillanos y los panameños de acuerdo al segundo.

A pesar de que los textos de ambos autores hayan sido escritos en disímiles contextos (en Walrond en medio de la diáspora, como articulador de una experiencia caribeña, transnacional, y en Beleño, como articulador de una experiencia nacional) ambas representaciones, cuyo puente es la construcción del Canal de Panamá, actúan como complementos diferenciados de la modernidad en la región. La escritura de Walrond se inscribe en el movimiento de la diáspora que cruza las jerarquías y las fronteras de los Estados-nacionales y la de Beleño recrea esas fronteras y jerarquías. La representación de Walrond, ocupada por dibujar la fragmentación, las contradicciones y las conexiones de la diáspora caribeña, se presenta al margen de los proyectos de nación; y la de Beleño, desde el proyecto frustrado de una nación romántica, soberana e independiente, con una lengua (español), una cultura (la tradición hispánica), y una religión (el catolicismo), describe la fragmentación del espacio nacional para restituir la voz anónima, jerarquizada, de la nación romántica no realizada, frustrada y mediatizada tanto por la presencia norteamericana como por la inmigración caribeña. En esta relación asimétrica de dos escrituras, la transnacional de Walrond y la nacional de Beleño, que están vinculadas por la experiencia del Canal de Panamá, la presencia caribeña fue un punto central en los textos. En Beleño (la voz anónima de los panameños), esta presencia está dominada por la representación de que los "jamaicanos" eran sumisos, subordinados y cobardes[39]:

---

[39.] Para Carlos Guillermo Wilson la representación del negro en la literatura panameña está dominada por las imágenes de ser antipatriótico, no valer nada, ser sumiso (p. 197).

*¡Filas! ¡Filas! ¡Filas!*

*Canal Zone: Silver Roll que respetar.*

*En la clínica: filas. En los comisariatos:
filas. A los camiones: filas. En el almuerzo:
filas. A la salida: filas. En todas partes filas
y siempre filas y más filas Gold y filas Silver
para respetar.*

*¡Odio! ¡Odio! ¡Odio!*

*Canal Zone: Gold Roll que soportar.*

*Negros contra negros. Negros contra
latinos. Gringos contra gringos. Latinos
devorándose entre sí: Gold Roll contra
Silver Roll. ¿Qué insulta el gringo?
Antillanos que callan y aprueban. Gringos
que prefieren al jamaicano porque su lengua
inglesa no sirve para contestar, que no para
la protesta (Luna verde, 1988, p. 41).*

Como puede observarse en esta cita, la representación del antillano, del "jamaicano", está dominada por los verbos "callar" y "aprobar", una representación que se repetirá a lo largo de los textos de Joaquín Beleño. Con Atá esta representación alcanza su cúspide, el hijo de un norteamericano y una barbadiense, cuando dice "—Yo soy Atá. Yo soy blanco. Yo soy gringo...Yo tengo un padre rubio y una novia de azucena" (*Gamboa road gang*, p. 183). Esta representación sumisa del antillano, que es expresión de una opresión interna, una opresión que es ejercida por la voz anónima del narrador en Beleño, al no dar una representación diferenciada de la presencia caribeña, es contrapunteada por una narración de Walrond en el cual se obtiene otra representación, excluida, al margen de la nación que proyecta la clásica novela canalera. En *Subjection*, de

Walrond, Ballet, el personaje principal de la narración, es un joven que desafía a un *marine,* al protestar contra una golpiza que le propina el marine a un "lil boy" (p. 99). En respuesta, el marine dice: "I'll show you goddam niggers how to talk back to a white man" (p. 100). Este conflicto, entonces, desencadena una discusión entre los trabajadores que terminan diciéndole a Ballet, lo siguiente: "yo bess min" yo "own businnes" (p. 101). Por un lado, tenemos que hay diferentes respuestas por parte de los trabajadores frente a la agresión del *marine*. Y a excepción de Ballet, ninguno termina escogiendo el camino de la rebeldía[40]. Este es un personaje joven que en cierta manera pasa en la idea del *new negro* descrita por J. A. Rogers, al afirmar:"The new is erected, manly, bold; if neccesary, defiant" (en Parascandola, 2005, p. 436). Este personaje, Ballet, que, sin embargo, no deja de sentir miedo por su acto desafiante al *marine,* no deja de seguir mostrándonos – antes de ser finalmente asesinado por el *marine* – la mirada diferenciada de Colón en una escena que parece estar desprendida del plot  principal – para Frederick es una muestra de que la identidad caribeña va más allá de la victimización y de la opresión –, pero es una escena que a través del lenguaje de la diferenciación implica una narración de oposición al lenguaje del poder del *marine* que solo conoce *niggers* and *black bastard*:

> Up on the verandas there dark, bright-skirted,
> flame-lipped girls, the evening before, danced
> in squares, holding up the tips of their flimsy
> dresses, to the coombia of creole island
> places. Creole girls led, thwarted, wooed and

---

[40] Con este estudio, Maloney quiso contrapuntear la idea de que los trabajadores caribeños habían sido sumisos en la Zona del Canal 1999 (p. 1999).

burned by obeah-working, weed smoking
St. Lucien men. Jamaica girls, fired by an
inextinguishable warmth, danced, whirling,
wheeling, rolling, rubbing, spinning their
posterior and their hips, in circles, their
breasts like rosettes of flame, quivering to
the rythm of the *mento*—conceding none but
the scandalously sexless. Spanish girls, with
ones, yellow ones, brown ones, furiously gay,
furiously concerned over the actualilities of
beauty (p. 108).

Esta mirada diferenciada en los textos de Walrond es una mirada que se puede observar en cada uno de los cuentos de *Tropic Death*. Y es de aquí que especialmente en *Subjection* la narración se enriquezca por la diversidad espacial y humana en medio de una situación sórdida, donde los personajes están reducidos a un sistema de dominación y dependencia en el cual incluso la madre del personaje participa del mismo al decirle de quién la alimentaría si él no retorna al trabajo. En *Subjection* se cruzan estos dos elementos, el sistema de dominación de la zona y la mirada diferenciada, que está prácticamente ausente en la novela canalera clásica. Por supuesto, en la narrativa canalera – para mencionar a Beleño – el tema del sistema de dominación en la zona está presente, pero la mirada sobre los trabajadores caribeños no necesariamente está determinada por la diferenciación. En *Curundú*, que fue su primera novela escrita, aunque la última publicada de su trilogía canalera, los negros – ya fuesen criollos, jamaicanos o chombos – son presentados como parte del sistema de dominación zoneita desde las primeras páginas, porque están empleados como parte del personal de revisión, conocen las reglas del sistema y, además, cosa que es muy importante en la constelación de pertenencia o no a ese sistema de dominación, dominan el idioma del *master* americano: el inglés [41]. Por otra parte, Beleño deja entrever que también la "oligarquía panameña"participa de ese sistema de dominación cuando uno de ellos, el fulo Alejandro, está encargado del capataz Julio Quintana que vigila una cuadrilla de obreros, entre los cuales está Salvador Brown, un antiguo camarada escolar de Rubén Galván en el Instituto Nacional[42].

Y con esta figura, la de Salvador Brown, hay otro aspecto que es muy importante que requerirá próximas investigaciones – el religioso – que es necesario tomar en consideración, porque en *Curundú* se dibuja otra representación generalizante, y dominante, con respecto a la presencia caribeña en Panamá. Brown es un joven predicador que, frente al sistema de pago *Gold Roll* y *Silver Roll*, que institucionaliza la segregación racial en la zona de Canal en los pagos, en la vivienda y en los comisariatos de comida, afirma resignadamente, lo siguiente: "no hay que fijarse en el Gold Roll y en el Silver Roll. Solo Dios sabe por qué existen. Los que ultrajan no gozaran de la dicha de Dios y los ultrajados gozarán de la gloria eterna de estar con el Señor en el paraíso" (p. 25). Esta mentalidad religiosa, esta resignación frente a la realidad de la zona, de Salvador Brown, se mantendrá hasta el final de la novela, cuando el personaje frente al moribundo Sergio Galván quiere convertirlo todavía a la práctica evangélica. Ciertamente, con Salvador Brown se expresa una imagen indiferenciada del antillano trabajador de la zona que es incapaz de luchar, de rebelarse,

---

[41.] Michael Conniff habla en su célebre libro *Black Labor on a White Canal* (Panama, 1904-1981) de que los inmigrantes caribeños se desenvuelven entre dos masters, el panameño y el americano (1985, p. 3).

[42.] Para Grinberg Pla y Mackenbach el personaje Rubén Galván representa al típico héroe de la novela de formación, aparte de ser también una metáfora de la nación panameña por todas las humillaciones a las que tuvo que someterse el héroe como, por ejemplo, la examinación rectal exigida por un médico norteamericano.

y de identificarse con la recuperación de la nación y, sobre todo, a pesar de estar compartiendo con los panameños (y otros trabajadores de diferentes nacionalidades) un destino de explotación y humillación en la zona, su religión es la principal dificultad para asumir la realidad que le rodea[43]. Esta representación del narrador en *Curundú*, dictada por un tipo de escritura nacida en el marco del espacio del estado-nación, donde lo popular, la clase social y lo nacional están intrínsecamente relacionados, acentúa este prejuicio religioso con respecto a los trabajadores antillanos, prejuicio que se proyecta en el absoluto rechazo de Salvador Brown a todo lo que no sea de Dios. En este personaje no hay dudas, no hay debilidades, no hay preguntas, solo hay la búsqueda de Dios, donde lo material, la explotación, el racismo, todo sucumbe ante esta búsqueda. Y de aquí es legítimo preguntarse si, en la representación que hace el narrador (y Beleño) de Salvador Brown, no hay en verdad una una proyección y una sublimación del ideal y la crítica arielista del discurso de Beleño, un ideal que se desprende de todo lo material, y, en este sentido, Salvador Brown sería el arielista antillano/religioso, un tipo de arielismo que tiene la particularidad, sin embargo, de no acusar a los Estados Unidos y la Zona del Canal como representante de la civilización material. Este último papel se lo reserva el narrador a Sergio Galván: "Y es

---

[43.] Este aspecto de la religión en la inmigración caribeña ha sido un factor de discusión en Panamá. Para un autor como Luis Navas, la religión de los antillanos fue el factor más importante para dificultar el desarrollo de una conciencia de clase que fue "adormecida con cantos divinos y promesas celestiales" (1999,p.108). Frente a esta posición, George Priestley realizó una crítica presentándole a Navas la siguiente observación: "A pesar que no profundiza, creemos que se refiere a la preferencia de los antillanos por el protestantismo. Lo que desconcierta al lector es que Navas se refiere al pro-testantismo como precapitalista, al mismo tiempo que exime al catolicismo de tales cargos" (2003, p. 44). Por otra parte, Gerardo Maloney describe la huelga de 1920 realizada por trabajadores antillanos de la Zona del Canal y que fue precisamente saboteada por trabajadores panameños (1999).

por eso por lo que concibe la libertad y la democracia sajona como meras palabras sin ninguna expresión real y tangible. Es un irrespeto. Sus anhelos más esclarecidos y lúcidos son los de combinarse y volverse a combinar en el espacio y en el tiempo. Creando una nueva raza y nuevos valores" (p. 161).

¿Y cómo se presenta este aspecto religioso en Walrond? Como él no tiene la necesidad de recrear ni aunque críticamente una conciencia nacional (y parece que tampoco una conciencia obrera), el aspecto religioso en Walrond está mucho menos sometido a las exigencias de una escritura nacional. Su problema es, más bien, cómo se conecta la religiosidad diversa de los caribeños en la diáspora, aunque, es evidente que él sigue algunos tópicos comunes de representación religiosa que se articularon en el *New Negro* discurso del *Harlem Renaissance*. En efecto, el elemento religioso está siempre presente en sus textos. No solo por la variante protestante del cristianismo, sino, sobre todo, por la práctica ritual de Obeah y del voodoo que cruza la vida de los personajes[44]. Ya desde su cuento *The Godless City* (en Parascandola, 1998), vemos una narrativa que acentúa los aspectos musicales, espirituales y emocionales de los negros del Caribe, un aspecto que Alain Locke en su famoso ensayo *The Legacy of the Ancestral Arts* (en Locke, 1970) toma en consideración para diferenciar a los negros americanos de los negros africanos, presentando estos últimos proclives en su arte – la escultura – a lo rígido, controlado, disciplinado,

---

[44] Aspectos ya sea en la literatura, en la política, en la religión, en la música y en la etnología. Es un movimiento artístico que además está conectado con el descubriendo del primitivismo a ambos lados del atlántico, en New York y en París: "It was Alain Locke who tranlated tthe European aesthetic debate "on art négre" for an american audience and adapte it to the present culturel moment "Negro Renaissance" and idea that constructed a cultural identity discourse by leading African American to a conciousness of their past African heritage" (Schmeisser, 2006, p. 20).

abstracto, altamente convencionalizado (254). Y a Walrond el trópico, especialmente, la ciudad de Aspinwall, le ofrece la oportunidad de recrear – los "Negroes from St. Lucia and Martinique" llevan consigo "various pieces of primitive musical instruments" (en Parascandola, p.164) – una práctica religiosa como el voodoo que acompaña a los inmigrantes en la construcción del Canal, una obra capitalista que exige la racionalización y la  organización del trabajo, pero que no termina de liberar al mundo del encantamiento: "In this particular section of Aspinwall, ghost and legends and scarecrows were the order of the night" (p.165). Los fuegos de Aspinwall, que destruyen periódicamente a la ciudad, son insertados en una narrativa que acentúa este aspecto mágico y religioso para dar entender que hay una especie de condena del destino sobre esa ciudad que parecida a Gomorra está entregada al paganismo con sus prostíbulos y sus juegos de azar. Es así que, en vez de convertir la práctica religiosa – ya sea protestante o sincrética como el voodoo o obeah – de los caribeños en un *handicap* para desarrollar la conciencia de clase o la identidad nacional, como se plantea en la novela canalera clásica, la mirada diferenciada de Walrond enriquece esa inmigración en toda su complejidad al mostrar el entrecruzamiento diferenciado del Caribe en esa tercera fase de la globalización capitalista.

## Conclusión

A partir de estos elementos arriba señalados es posible establecer una comparación entre los textos de la novela clásica canalera, nacidos al calor de la fundamentación/ intento recuperatorio de la nación, y los textos escritos en el seno de la diáspora caribeña. Me parece que los textos de Walrond caracterizados por la mirada diferenciada, nos ofrece ver los límites del discurso consagrado de la literatura nacional. Walrond no tuvo que fundamentar/recuperar a una nación. Pero a través de sus textos vemos cómo el autor conecta espacios de una diáspora que se extiende a lo largo y ancho del Caribe y de una inmigración a Panamá que tuvo que enfrentarse con agresiones físicas y persecuciones policiales no solo de los *marines* de la Zona del Canal, sino también de panameños[45] que los consideraban "sumisos"e "indiferentes"(Beleño, 1988, p.122). Si la narrativa de Beleño fue resultado del fracaso de la modernidad del Estado-Nacional, que le había prometido a sus ciudadanos libertad, democracia e igualdad (*Curundú*, p.158 y 159), y cuyo proyecto nacional del Canal fue usurpado tanto geográfica como política y económicamente, la narrativa de Walrond se elabora a partir de la articulación de la experiencia diaspórica del Caribe, donde la modernidad de la región implicó el desplazamiento y la inmigración de cientos de miles de caribeños impulsados por romper las limitaciones económicas, políticas y sociales de una de una región que, después del esclavismo, no dejó de reproducir la exclusión, la explotación y la ausencia de libertades. Finalmente, en Panamá, Beleño narra la tragedia de un *master* herido en su ego nacional, y Walrond, desde Harlem, las "submerged connections" (Frederick, p.45) de la diáspora caribeña en toda su complejidad, matices y contradicciones que, con la construcción del Canal de Panamá, le regaló al país centroamericano su bien económico más atesorado.

---

[45.] En su ensayo *White Man, What Now*, Walrond escribe que es en Panamá cuando era un niño que experimenta por primera vez el prejuicio en razón de de su nacionalidad británica y la carga racista que implica la palabra chombo: "Since the abortive efforts of the French in the 80s to dig the Panama Canal, emigrants from the British West Indies had settled in large numbers on the Isthmus. They kept sternly aloof. This, to the sensitive and explosive Latins, was regarded as a slight. It was interpreted as a affront to las costumbres del país. Reprisals took the shape of epithets such as chombos negros and occasional armed incursions into the West Indian colony". (en Parascandola, p. 280).

# B. Postzona del Canal

# 4

## Postnacionalismo y nación en Panamá: ¿Nostalgia de una narrativa identitaria nacional?

### La hipoteca histórica en el país del platonismo cultural: la triada sagrada de la identidad nacional

Este ensayo parte de la pregunta de la identidad y específicamente del por qué de la identidad nacional, más en un país con Panamá, abierto y de servicios, que no puede comprenderse sin su conexión con el mundo, los mares, el Canal y la geopolítica global que incluyó e incluye a España, Francia, Inglaterra, Estados Unidos, Colombia, el Caribe, Centroamérica y Asia. Comprender a Panamá es comprender la globalidad, es decir, no hay nación ni región independiente (una de las grandes ficciones del Estado-nacional moderno), sino que precisamente la administración del Canal por Panamá ha acentuado su conexión en la dependencia global y diferenciada de relaciones económicas, culturales y sociales. Ahora bien, sobre el por qué de la identidad nacional habrá muchas explicaciones que dependerán de los puntos de partidas políticos, ideológicos e incluso teórico-académico. Pero quizá la pregunta más punzante es si es necesaria la identidad nacional para un país como Panamá, aparte de que es necesario por razones de memoria, de recreación colectiva y de control político.

Pero solo hacer esta pregunta sobre la identidad puede resultar contraproducente y más en un país como Panamá, cuya historia (política) ha sido determinada por la cuestión de la identidad nacional, la presencia norteamericana en el país y la construcción de un Estado nacional. Parto del criterio que el asunto de la identidad nacional como discurso de ciertas élites, académicas y políticas,  actúa normalmente como un sistema articulador que no deja de ser excluyente y opresivo de toda forma pensamiento crítico y alterador de este discurso. Y lo más problemático es cuando la identidad nacional se torna cultural (como ha ocurrido en Panamá), porque no hay manera de entrar en este discurso si no es aceptando la premisa de que, sin identidad nacional (o cultural), no hay nación sin determinados tópicos y, en el caso nuestro, panameños, con ciertas características culturales, propias o únicas, que realmente no dan cuenta y registran las contradicciones, superposiciones y además los cruces que van más allá, por ejemplo, de la simple divisoria categorial persistente entre afrocolonial y afroantillano, una frontera, unas categorías que no proyectan o construyen >>la vida real<<, comprendida esta como un espacio abierto, contradictorio e infinito.

La realidad, en verdad, es antiplatónica. El problema de la identidad nacional  y de la identidad cultural en particular es que, a pesar de todas las estrategias multiculturales y de un aparente discurso abierto a la diversidad (a los indígenas, a los afro y chino descendientes), no deja de ser esencialista desde el momento en que se define la identidad nacional por la aceptación de ciertos parámetros que son proclamados como parte <<esencial>>, <<propios>>, <<únicos>> de la nación o de un grupo determinado. Ya sea una bandera, una partitura, el lenguaje, un libro, todo se presta a este discurso de la identidad, cuya lógica consiste en marcar territorios bien definidos, territorios que hoy día están más cuestionados por el movimiento global de gente, de mercancías, de teorías e, incluso, de imaginarios geográficos, pues es ahora que los panameños nos reconocemos como parte de Centroamérica, una región que también se está transformando, desplazándose tanto en el espacio como en el tiempo. Dentro de esta perspectiva ya no es necesario proclamar o matar a la nación mestiza para entender este "nuevo esencialismo" multicultural como un rejuego del discurso esencialista-cultural con tópicos racistas bien marcados que trastocan en apariencia el viejo discurso.

A diferencia de un Frantz Fanon para quien una sociedad es racista o no lo es, dando a entender claramente que, al menos que ocurra un milagro, no hay en nuestro planeta una región, una sociedad y un país que no sea racista, para los que proclaman la identidad nacional cultural esta evidencia no es muy clara, porque se tiene la sospecha de que esta pregunta, la de la identidad, es un asunto que debe ser continua y artificialmente construido. Sin embargo, con la raza, como muy bien lo vio Fanon en su momento, no es diferente. Es de allí que no es necesario ser constructivista (y discípulos "postcoloniales" de platón) para darle razón a los identitarios en todas sus variantes ya sean de la vieja escuela (el mestizaje) o de la nueva (los multiculturalistas), porque de hecho están casados en el <<platonismo cultural>> cuyas categorías eternas, aunque se negocien y se transformen, no tocan el matrix del poder representativo y, sobre todo, excluyente, para seguir existiendo.

En este sentido, toda digresión a este <<platonismo cultural>> es asumido como una  pérdida y más aún como una traición a la nación. Incluso, para el caso de Panamá puede ser interpretado como una traición a la "sangre derramada", a los "mártires" y al "sacrificio" y a "la lucha de generaciones" enteras de panameños. Hay que imaginárselo como un reproche y arma familiar donde la palabra >>sacrificio<< actúa como una <<hipoteca histórica>> sobre las generaciones futuras, una hipoteca que nunca se termina de pagar, pues no libera a nadie de sus deudas y compromisos con el sentido y <<sentimiento verdadero>> de la nación. En verdad, ya no es difícil hablar y cuestionar el <<platonismo

cultural>>, el que se construyó a partir de la década del veinte y del treinta con predominio de la nación mestiza, el catolicismo y el castellano, si lo comparamos por ejemplo con la *political correctness* del discurso multicultural que no deja de ser tampoco represivo. Pero lo que sí sigue siendo muy difícil es cuestionar la <<hipoteca histórica>>, porque no se puede poner en duda el "sacrificio", los "mártires" y la "sangre derramada", una triada sagrada que está en el centro del poder narrativo de la <<hipoteca histórica>>, de aquellos que reproducen la identidad nacional bajo una narrativa que tiene fecha fija reciente (movilizaciones, muertos, mártires) y que no se pierde, como afirma Homi K. Bhabha, en los mitos del tiempo.


## A los héroes panameños
Por: Elsie Alvarado de Ricord


*Mártires de mi Patria, compañeros*
*que enfrentasteis el pecho a la metralla,*
*maduros de valor, como maduran*
*los niños pobres, ay, desde la infancia.*

*En vuestras manos firmes, la bandera*
*era una nueva llama de esperanza,*
*del amor a la tierra y al idioma,*
*del derecho a la paz, y sobre todo*
*a la equidad en nuestro noble suelo.*

*¿Quién ha osado segar este prodigio*
*de corazones jóvenes, colmados*
*por más de medio siglo de injusticia,*
*vivas antenas que captar sabían*
*los acentos más hondos de la Patria?*

*¿Quién responde con pólvora a las notas*

*de nuestro Himno Nacional, quién pudo*
*infestar nuestra atmósfera de gases,*
*qué soberbia ancestral mueve esas manos*
*que destrozan así nuestra bandera?*

*¿Por qué regáis la muerte en nuestro suelo,*
*desleales inquilinos zoneitas?*
*No descendéis de Washington, de Lincoln;*
*vuestra mano no es mano libertaria;*
*es la mano esclavista, la que asesina,*
*la que codicia, la que ruge armada por tierra y mar y cielo.*

*Vuestros pasos siembran la indignidad en nuestro istmo*
*Por vuestros labios hablan solamente los Teodoro, los Truman,*
*los Mackarty y vuestros corazones no conocen la esencial*
*hermandad de los humanos*

*La sangre de los héroes no es estéril:*
*es río desbordado que fecunda*
*con dolor, las entrañas de los pueblos.*
*Rosa Elena Landecho - trece años-*
*del maternal regazo desprendida,*
*te ha acogido el regazo de la historia.*
*José del Cid, Ricardo Villamonte,*
*estudiantes, obreros, no habéis muerto:*
*crecéis en la Avenida de los Mártires*
*como banderas vivas de la patria.*

*Los héroes no yacen en la tumba:*
remueven la conciencia de los pueblos.


Panamá, enero de 1964.
Fuente: http://panamapoesia.com/pt35pm08.php

Como puede verse en este poema de la profesora, ensayista y poeta, Elsie Alvarado de Ricord[46], tenemos los elementos que conformarían la narrativa de la >>hipoteca histórica<<: "mártires", "sangre", "héroes", "indignidad". Se escribió como >>protesta<< al asesinato de veintiún panameños (resultado de una movilización estudiantil y popular) en 1964 realizado por los soldados norteamericanos acantonados en la antigua <<Zona del Canal>>, territorio panameño administrado por los Estados Unidos. Este poema es un clásico de la literatura panameña, escrito por una de sus mejores representantes literarias, cuyas líneas se articulan en aquel tiempo cuando la ciudad letrada tenía una relación

---

[46]. Elsie Alvarado de Ricord (escritora y docente). Nació en David, provincia de Chiriquí, en 1928. Falleció en ciudad de Panamá el 18 de mayo de 2005. Hizo sus estudios de segunda enseñanza en la Escuela Normal Juan Demóstenes Arosemena, de Santiago de Veraguas, donde obtuvo el Diploma de Maestra de Escuela Primaria en 1946. En la Universidad de Panamá recibió los títulos de Profesora de Español, en 1951, Licenciada en Filosofía y Letras en 1953 (miembro del Capítulo de Honor Sigma Lambda). Es doctora en Filología Románica, por la Universidad de Madrid. Su tesis doctoral, "La obra poética de Dámaso Alonso", mereció el primer premio en Tesis Doctorales Hispanoamericanas, en España, en 1963. Poetisa, ensayista, su nombre ha traspasado las fronteras del Istmo para llevar a Panamá a otros continentes. Ha publicado: Holocausto de rosa, tercer Premio Ricardo Miró, poesía 1953; Notas sobre la Poesía de Demetrio Herrera Sevillano, ensayo 1951, Estilo y densidad en la poesía de Ricardo J. Bermúdez, premio Ricardo Miró, ensayo, 1960; Escritores panameños contemporáneos, 1962; Entre materia y sueño, poesía 1966; La obra poética de Dámaso Alonso, tesis doctoral 1968; El Español de Panamá: Estilo Fonético y Fonológico, 1971; Pasajeros en Tránsito, poesía 1971; Aproximación a la poesía de Ricardo Miró: Premio Ricardo Miró, ensayo 1973; Fireflight: Three Latin América Poets, 1975; Rubén Darío y su obra poética, 1978; Es real y es de este mundo, poesía 1978; Usos del Español Actual (Notas sobre el Lenguaje), 1996. Ha obtenido el Premio Literario Ricardo Miró en cuatro ocasiones en las secciones de poesía y ensayo. Recibió el Premio Universidad en 1996. Premio Ateneo (Letras) 1996 del Club de Mujeres Profesionales y de Negocios. Premio de poesía de la Revista Lotería. Catedrática de Teoría Literaria y de Fonética Española en la Universidad de Panamá. Directora de la Academia Panameña de la Lengua, miembro correspondiente de la Real Academia Española, de la Academia Nacional de Letras del Uruguay y de la Academia Norteamericana de la Lengua Española. Ha sido presidenta del Círculo Lingüístico de Panamá (Cilpan). Recuperado de http://www.pa/cultura/escritores/alvarado_elsie.html). (Actualizado: 22/04/05).

fluida y coherente con un público lector organizado a través de un sistema escolar, periódicos, escuelas, partidos y movimientos. Es una narrativa de indignación y movilización política, de emociones y protestas, una narrativa que ha calado en el fondo del discurso nacional panameño, de su identidad nacional: no hay nación sin mártires. Fue incluso una narrativa oficializada por la dictadura militar del general Omar Torrijos, quien en la "lucha generacional" logró la firma de los tratados Torrijos-Carter en 1979, tratado que logró – según muchos – construir finalmente el largamente acariciado Estado-nacional panameño. Aquí no se discute o se pregunta por la legitimidad de esa recuperación del Canal para el país. De este hecho no hay ninguna duda.

Lo que se discute es la narratividad de la <<hipoteca histórica>>, una narratividad en el centro del postnacionalismo o del renacionalismo (justamente ahora que el Canal es administrado por los panameños) en una época en que el discurso intelectualizado y académico de la identidad nacional-cultural, tradición hispánica y catolicismo de toga, el castellano y el Día de la Raza, no se articula de manera eficiente ni mucho menos convincente entre las generaciones y las instituciones educativas, en fin, esta última es una narrativa que revela la dificultad de constituir una <<comunidad imaginaria>> de una nación en trance postnacional con sus inmigrantes asiáticos, centroamericanos y sudamericanos, sus expatriados norteamericanos y europeos (*expats*), todo esto en medio de una plataforma globalizada de servicios financieros, marítimos y económicos, donde la población panameña urbana es desalojada de sus espacios históricos y devaluados como el >>Casco Viejo>> y de las zonas céntricas, altamente rentables para el mercado inmobiliario.

En un país donde parece que la Iglesia es la única institución (aparte del Tribunal Electoral y la Autoridad del Canal de Panamá) que ha permanecido incólume a la degradación, a la pérdida de legitimidad y a la corrupción institucional, la narratividad de la >>hipoteca histórica<<, de la triada sagrada, actúa como una narratividad fácilmente "aceptable" y "comprensible" por todos, una narratividad que lanza su mirada a la gesta heroica para llenar lo que hoy es prácticamente imposible de conseguir: la conexión de la desfasada ciudad letrada y académica con el ritmo y el dinamismo de un país que, paradójicamente, está ocupado no solo por el peso y la legitimidad de la Iglesia, sino también por los evangelistas de todo tipo que han desplazado a Marx hasta de los puestos de ventas informales de libros de la Universidad de Panamá. No es que esta narratividad se articule en un proceso de secularización, sino que los términos tomados del catolicismo ofrece el marco para que el discurso sea asumido sin dificultades en el altar del nacionalismo postnacional, porque es un llamado al fondo reconocible de la narratividad religiosa católica, narratividad esta que, con eficiencia y destreza, ha logrado penetrar todas las instituciones republicanas y laicas como la universidad misma, porque incluso hasta las autoridades universitarias hablan escatológicamente y hasta en Congresos de Sociología, ciencia nacida del positivismo, han sido oficiados e inaugurados por un sacerdote católico.

La narratividad de la <<hipoteca histórica>> se apoya sobre este fondo religioso católico en el tiempo postnacional. No son necesarios textos históricos, mitos ancestrales, objetos reverenciales, aunque recientemente se restauró en España la bandera que simboliza el 9 de Enero de 1964. Puede resultar altamente ocioso especular sobre esta restauración, es decir, no deja de ser interesante que la bandera de los mártires pase por la restauración en la antigua <<madre patria>> y más cuando una de las empresas de este país participa en el activo más importante de Panamá: la ampliación del Canal.

Estudiantes cruzando la cerca de la Zona del Canal en 1964

Este símbolo, la bandera nacional de 1964, apela directamente a la >>hipoteca histórica<<, a esa deuda generacional, que, además, es una estrategia disciplinaria que impide una relación normal y sana (si algo semejante pudiera existir) con la nación: no se puede hablar de esta nación sin esa cuota de sangre. Ya Michel Foucault hacía referencia al carácter disciplinario del discurso, un dispositivo de poder que corre en todas las direcciones y que no tiene punto fijo, desde donde parta o donde llegue el discurso de poder y, en este sentido, la <<hipoteca histórica>> es un discurso que recorre todos los resortes del imaginario social y cultural del país. No hay resorte más efectivo que este trasfondo cultural religioso que cobra más fuerza precisamente en tiempos de crisis institucional y de ausencia de una <<comunidad imaginaria>> que portaba el discurso nacional secularizado del Estado nacional.

Lo que revela este complicado juego del discurso de la <<hipoteca histórica>> es que actúa, por otro lado, como la única manera de lograr la adhesión y la movilización de los de abajo con los de las élites. Es un discurso para el <<pueblo>>, entidad que también pertenece al resorte y al control tradicional de las élites sobre los de abajo. <<El

pueblo>> pertenece al imaginario participativo, populista y sentimental de las élites, es el cordón umbilical de poder y dominio que se cristaliza en el clientelismo político de una élite que sabe dirigirse <<al pueblo>> en términos de mártires y sacrificios, un espacio semántico comprensible de adhesión y control, en fin, la identidad nacional en el tiempo postnacional, entendido como un tiempo donde la <<cuestión nacional>> en Panamá ya no está sobre la agenda política de las élites al pasar el Canal a manos panameñas, es la reconfiguración sentimental de la <<comunidad imaginaria>> a través del vocabulario y de los resortes ya elaborados y tomados del fondo común del catolicismo. Y todo esto ocurre en tiempos en que Panamá no escapa a las creaciones de espacios urbanos altamente tecnificados, diferenciados desiguales y segregados, de restauraciones de espacios "coloniales" sin la vida y la presencia popular y de "rascacielamiento" del paisaje de la ciudad, en fin, en tiempos en que Panamá ha acrecentado su conexión en el mercado global de dependencias desiguales y simultáneas.

## Nación sin arielismo[47] /Nostalgia de arielismo: la ciudad letrada sin mártires

En la narrativa de la <<hipoteca histórica>> hay un actor central, colectivo, que es el puente entre el vacío o la falta de articulación coherente y no problemática de las élites con lo que había sido su antiguo lugar de encuentro: los

---

[47.] Arielismo es una condición filosófica derivada del ensayo del uruguayo José Enrique Rodó, Ariel (1900), en el cual se apela a la figura de Ariel tomada de The Tempest de Shakespeare... Con esta filosofía Rodó pretendió construir una filosofía espiritual-estética en oposición al materialismo y al utilitarismo imperialista de los Estados Unidos. Aquí se puso a la ciudad letrada, al letrado, en el centro de esta posición filosófica.

estudiantes. Pero hoy día ya no hablan el mismo idioma. Los que todavía insisten en recrear con cierto tono nostálgico la antigua comunión de intereses, la figura del primer mártir de 1964, Ascanio Arosemena, ofrece una imagen histórica para establecer en el vacío este puente. Él había sido un estudiante del Instituto Nacional (la primera gran escuela republicana fundada en 1909), y en la foto siguiente puede verse auxiliando a otro joven, antes de que él fuera asesinado. La narrativa sobre 1964 encuentra en esta fecha el punto álgido de lo que significó la lucha de los panameños por la soberanía nacional. Esta narrativa, en efecto, es el eslabón que permite solidificar la ausencia actual de una presencia y movilización estudiantil que permita establecer una conexión con ese pasado inmediato. La ausencia del estudiante de la vida política, del portavoz colectivo histórico del arielismo en Panamá, da motivo suficiente para que un grupo de profesionales haya creado la Fundación Pro Instituto Nacional y así recuperar al plantel histórico del nacionalismo panameño, un plantel – y una historia estudiantil – que es presentado por Ricardo Ríos Torres de la siguiente manera:

> "La década del 50 agudizó las contradicciones de la élite dominante de la vida pública y el consecuente deterioro de la administración gubernamental se hizo más evidente en lo que se llamó, en ese entonces, el desastre educativo. Durante 1957 se desarrolla un activo proceso de reorganización del movimiento estudiantil. Se constituyen las Asociaciones Federadas en las escuelas secundarias. El Instituto Nacional es el eje motor de ese incontenible oleaje que culmina con la celebración del II Congreso Extraordinario de Estudiantes del 12 de diciembre de 1957. Allí son escogidos como máximos dirigente Polidoro Pinzón,

Floyd Britton y Andrés Cantillo. La FEP está en marcha y, a paso de vencedores, impacta la conciencia nacional con acciones heroicas. Nunca antes había surgido una generación con un liderazgo colectivo, una mística y una identidad patriótica con trascendencia en el devenir histórico de Panamá". (2008, p. 74. Memorias de mis memorias. Panamá).

Este colectivo es la proyección de un arielismo nacional. Aquí se concentra el impulso de una ciudad letrada que ve en los estudiantes el sujeto histórico de lo nacional, el alma de lo nacional, en lo más original de crítica y oposición a la presencia norteamericana en el país y, en este sentido, el arielismo panameño articula hasta la lengua, junto con la crítica del imperio y todo lo que este representa. No hubo para este arielismo opresores de la nación a lo interno de sus fronteras, no hubo <<colonialismo interno>>[48], por ejemplo, a este arielismo le es prácticamente desconocido el racismo y la opresión que ejerció sistemática y recurrentemente Panamá contra los antillanos y los chinos en la historia republicana, pues este arielismo no se ve a sí mismo como un señor con poder dentro de sus propias fronteras. Es decir, el arielismo criollo panameño invisibilizó las enormes fracturas internas del país e, incluso, ofreció todo una instrumentaría de medición y adhesión a la nación, un instrumentario contra todos aquellos que eran extranjeros, inmigrantes y desterrados. Y la novela de Joaquín Beleño (quien es el escritor panameño quien mejor capturó la tragedia del país), especialmente Luna verde (1949) da cuenta de esta fractura y <<colonialismo interno>> que atravesó a todo el país.

---

[48]. Utilizo este término para referirme especialmente a la política de exclusión interna ejercida contra los grupos, clases o etnias que no entran dentro del discurso mestizo/hispanista/criollo de la nación.

Para este arielismo lo único que se proyecta es su posición de ser víctima del imperio. Y esta posición, que es representado principalmente por los estudiantes, proyecta además una época en que predominó la ciudad letrada con sus códigos de ética específicos como <<la dignidad>>, un estado de ser/estar en el mundo con la nación mancillada y humillada. Los estudiantes, portadores de este arielismo por su idealismo, por su entrega y por su sacrificio a la nación, son los que recrean y proyectan el código de una ciudad letrada, de unos letrados, que viven y administran el predominio de la escritura, de una idea de lo que debe ser el estudiante y más en un país como Panamá, donde se esperó que el estudiante fuera patriota o revolucionario, dignificara a la nación o fuera portador de su futuro. Y para ello se prestó el ritual del uniforme, el canto a la bandera y las marchas patrióticas—con tambores, trompetas y batallones — celebrando la separación de Colombia en 1903.

Toda esta parafernalia patriótica podría ser hoy día una gran caricatura, sino es porque los mismos jóvenes le imprimen con su frescura y el gusto por la música  un colorido a las calles y llena el tiempo libre o muerto de unos días que, de lo contrario, solo sería un día libre más.

Elsie Alvarado de Ricord en su poema hace referencia al >>idioma<< que se emparenta con el >>amor a la tierra<<, un destino inseparable de la ciudad letrada que se ha alimentado de una tradición humanística, de la letra y la carta dirigida a los amigos y a la nación, que, según el filósofo Peter Sloterdijk, ha entrado en crisis por la sociedad de masas, la radio, la televisión y las redes actuales. Para este filósofo vivimos en una época postliteraria, postepistolaria y, consecuentemente, posthumanista, época que cierra el domino tradicional de los humanismos nacionales.

En efecto, de estas observaciones de Sloterdijk puede diferirse que los poemas nacidos a partir de 1964 para cantar y nombrar a los mártires son cartas humanísticas a la nación, cartas que recrean este espacio mancillado donde la ciudad letrada puede actuar sin dificultades a través de los medios (sobre todo los periódicos y foros públicos-populares) a su disposición. Es la época de oro cuando la ciudad letrada tenía un público y unas estructuras institucionales educativas y universitarias públicas que no habían perdido todavía su legitimidad. Los intelectuales, como >>consciencia crítica de la nación<< (papel institucional que se le otorgó a la Universidad de Panamá), gozaban del prestigio de la letra, de la escritura, de la oratoria y de la palabra. Y en el orador de la plaza pública se encontraban el poeta, el ensayista, el periodista, el agitador estudiantil y el político[49]. Entre las aulas académicas, las calles y la plaza pública de los parques había un cordón de conexión que lo daba la movilización indignada, donde había comunión de intereses entre los profesores y los estudiantes y el público en general: la nación los cubría a todos.

Ascanio Arosemena sosteniendo a un compañero en 1964

---

[49]. El abogado, periodista y expresidente liberal mulato, Carlos A. Mendoza, fue quien inauguró con un discurso el muy conocido parque arrabalero de Santa Ana en 1890.

El humanismo nacional, el arielismo tropicalizado en tierras panameñas, tenía y comprendía su misión en restituir para la nación el territorio usurpado (La Zona del Canal[50]) por una potencia imperial extraña que era contraria −según ellos − a la tradición latina o hispana. El poema de Ricord toca estas cuerdas de un país que, desde la segunda mitad de la década del veinte del siglo pasado, con la fundación de la Academia Panameña de la Lengua, había definido a los norteamericanos como una cultura extraña a la nación. Es de aquí entonces el vacío experimentado hoy, la nostalgia del poder de una ciudad letrada que ya no encuentra sus espacios naturales de articulación, porque las instituciones públicas que lo permitían, el Instituto Nacional y la Universidad Nacional, han perdido mucho de esta representación de la nación. Ahora quien domina es el mercado con sus cuestionables y dudosas ofertas educativas. Y todo esto ocurre en una época en que el espacio urbano popular parece dominado por las bandas juveniles, se percibe con claridad la desintegración y desarticulación (ghettos) de los barrios populares y la quiebra de los valores de superación basado en los pilares fundamentales de esa ciudad letrada, de ese humanismo nacional, que se basa en el esfuerzo, la educación y el libro. No hay público que lea las cartas (los poemas) de esa ciudad letrada que articuló sin dificultades con sus lectores y seguidores por casi medio siglo hasta bien entrada la década del setenta del siglo pasado[51].

---

[50] Comprendía un área de 1.432 km2 y tenía 8,1 km a cada lado de las riberas del Canal. Esta bajo administración norteamericana.

[51] En este sentido la presidenta de la Fundación Pro Instituto Nacional de Panamá, Anais Morán, presenta el vacío y la falta de conexión tradicional de la ciudad letrada:"La juventud necesita orientación, buenos ejemplos, estímulos para el desarrollo de sus capacidades éticas y estéticas... No obstante, nuestra juventud, la juventud panameña, la juventud institutora está sometida a una fuerza sunámica que compromete nuestra subsistencia como país, nación, Estado, y que podríamos resumir así: 1. Descomposición social del país en las últimas décadas. 2. Carencia de ejemplos que indiquen

La invasión a Panamá en 1989 terminó de cerrar este ciclo definitivamente. Aquí no hubo héroes, pero sí víctimas, inocentes que murieron bajo las bombas en aquella fatídica noche del 24 de diciembre[52]. Algunos nacionalistas, con puños apretados detrás de las ventanas de sus casas, no arriesgaron sus vidas. Y algunas poetisas de lo nacional lamentaron que no hubieran suficientes hombres para defender a la patria. En efecto, aparte de las víctimas, a quienes la nación todavía no les ha erigido un monumento o estampado una placa memorativa, lo que permaneció — sin olvidar lo que ha pasado a llamarse como "literatura postinvasión"[53] — ha sido la memoria del saqueo que arrasó con toda la ciudad, un saqueo de almacenes y negocios, donde se afirma que lo único que sobrevivió al mismo fueron las pocas librerías de la ciudad. Pero también hubo saqueo en aquella Gesta Heroica del 64. No obstante, aquí sí hubo una narrativa de la nación, de una nación indignada y humillada, una narrativa

---

el norte a los jóvenes panameños. 3. La respuesta de la juventud institutora es, en gran medida, la respuesta a la cobardía de los adultos que no asumen su responsabilidad cívica frente a los graves problemas que golpean asumen su responsabilidad cívica frente a los graves problemas que golpean a diario a la nación, y que tienen como uno de sus elementos protagónicos la corrupción cada vez más descarnada de quienes nos desgobiernan. 4. Solo la juventud, aquel sector de la sociedad que no tiene compromisos ni complicidades con el pasado, puede levantar su voz para denunciar las miserias y las infamias de la sociedad que les ha correspondido vivir. Si el "Nido no tiene madre" (Periódico Crítica, martes 26 de febrero, pág. 4), es porque la sociedad panameña ya no produce los patricios de las estatura moral de Eusebio A. Morales, Justo A. Facio, Octavio Méndez Pereira o Clara González de Béringuer, quienes sí ostentaban la fortaleza moral para ser ejemplo, guía y conductores de las nuevas, presentes y futuras generaciones de "aguiluchos" (tomado de: http://www.rafaelcandanedo.com/2013/03/la-juventud-no-ne-cesita- frenos.html).

[52] Actualmente se presenta la película Invasión del director panameño Abner Benaim, Invasión, cuyo objetivo es contar la invasión a través de la gente.

[53] Para los efectos ver el artículo de Carlos Fong Los planos de la realidad identitaria del discurso narrativo en tres cuentos de El otro lado del sueño en Pedro Luis Prados.

que cubrió con su manto todo lo que podría ensombrecer aquella gesta. Pero en la invasión del 89 la nación quedó sin su narrativa tradicional, católica y arielista, fuera de los amenazantes machetazos nacionalistas del General declarando la guerra a los Estados Unidos. Fueron palabras que muy pocos creyeron, palabras muertas que terminaron desabasteciendo el depósito ya vacío de sujeto histórico y destinatario para una gesta nacionalista. La nación terminó cubriéndose con el velo de la vergüenza y la desesperación y la ausencia de héroes terminó con los últimos poemas (cartas) que pudo haber escrito la antigua gloriosa ciudad letrada de antaño: adiós a los héroes y mártires. Solo quedó la memoria ritualizada y la nostalgia. Y ahora las historias contadas por los invisibilizados de siempre.

**5**

# *Aviones dentro de la casa*: conservadurismo postinvasión de Carlos Fong.

## Planteamiento del problema: "educar en valores"

En los últimos años se habla en Panamá de "educar en valores". ¿Qué se entiende por esto? Y, en el caso que nos interesa, ¿qué tiene que ver la novela *Aviones dentro de la casa,* ganadora del Premio Sagitario 2016, con esta forma dominante de un discurso vacío, moralista y represivo, que significa "educar en valores"? Por lo general, cuando se habla de "educar en valores" se pone en primer término a la familia, como núcleo primario y fundamental de la sociedad, ya que a ella se le considera como la principal transmisora de valores, como el respeto, el amor, la lealtad, la fidelidad y el mantenimiento de la jerarquía familiar encabezada por el padre. Esta forma tradicional de considerar el universo familiar y humano, dentro del discurso de "educar en valores", encuentra su coronamiento en la figura de Dios, no importa si es a través del catolicismo u otra de las variantes del cristianismo que abundan en el medio panameño. En efecto, "educar en valores", como la misma expresión lo indica, tiene la finalidad de transmitir valores que solo toma peso y sentido en medio de la quiebra general del humanismo y, especialmente, del humanismo laico y liberal en un país como Panamá, donde las iglesias y la institución familiar, heterosexual y represiva, ocupan el centro del discurso excluyente que se conoce como "educar en valores".

A partir de aquí la novela *Aviones dentro de la casa* puede pensarse o analizarse como la transfiguración postinvasión de un discurso moralista y patriarcal, excluyente y represivo, que se arma literariamente, es decir, a través de un relato literario cuyo dispositivo de poder se legitima por la composición que define quiénes son los malos y los buenos, los que tienen derecho a hablar y quienes no, la utilización de las metáforas religiosas e ideológicas que intervienen en el relato y que se abroga para sí no solo el derecho de contarnos la memoria, sino qué es la memoria, punto donde interviene el relato para consolidar el poder de su representación. Debe decirse que no se trata de afirmar o indagar si esta novela es buena o mala, ya sea por su contenido o por su estructura. Tampoco se trata de confirmar si esta novela proyecta o refleja fielmente o servilmente la realidad. El meollo de la pregunta consiste en (des)cubrir, dentro de la verosimilitud del relato mismo, que esta construcción narrativa obedece a un orden de discurso sobre "educar en valores" que se ha propuesto en los últimos años como panacea de la crisis institucional y educativa del país, es decir, que el texto es una reconstrucción — retrospectiva — de un hecho intervenido por este discurso. Este análisis, en efecto, no pretende tampoco ser una lectura definitiva de la novela, sino una primera aproximación de lectura crítica de este conservadurismo de valores que expresa esta novela en toda su dimensión. Es, por decirlo de otra manera, tratar con un texto que se inserta en un discurso que se apoya en instituciones, como la familia, la moral y Dios, cuyas repercusiones no solo afectan la esfera de lo público sino que se articula en la vida privada de los personajes que conforman la novela.

### La Santa Trinidad: el padre, la familia y Dios.

Sin duda alguna, la figura del padre en la novela, Ricardo Stanziola, militar de la otrora Fuerzas de Defensa de Panamá juega un papel central en la narración. Él, sin embargo, no narra o, mejor dicho, quien principalmente narra es la menor de tres hijas, Vielka, quien tiene quince años. Por lo que ella nos deja saber, el padre desapareció tres días antes de la invasión. Y por lo que no nos dice la narración, pero que deducimos de la composición familiar, el padre es el único que trabaja en la familia. La madre es mujer de casa. Ellos habían vivido en la ciudad de Panamá (en el barrio popular conocido como Carrasquilla), pero un día el padre decidió mudarse a La Chorrera, donde tenía una casa rural y no pagarían alquiler, situación que sería un alivio financiero para la familia y más en aquellos años de estrechez económica. Es, en La Chorrera, que transcurre la historia de esta narración y la casa del padre nos dice mucho del origen familiar:

> La casa es una de esas viejas construcciones que se encuentran aún en los poblados del interior. Si se mira de frente, parece el dibujo de un niño. De frente se ve pequeña y por dentro es larga como un tren. Tiene solo cuatro piezas muy grandes. El primer cuarto es la sala y el comedor. Luego vienen la cocina y los cuartos a la izquierda. El primero tiene dos ventanas y el otro, al final, solo una. Al principio no tenía baño adentro. La casa está en el corregimiento de El Coco, en el distrito de La Chorrera. La Chorrera es casi una aldea. Aun así, si la comparamos con Capira o Arraiján, los dos distritos que la abrazan a ambos lados, es un verdadero pueblo. Tiene dos cines, de los dos me gusta más el cine Rialto. El otro se llama cine Moderno.

En efecto, el padre (y supongo que la madre también) provenía de un medio rural, y la casa que se describe es muy típica de las construcciones interioranas con letrinas. Lo único que conectaba ese medio culturalmente estrecho con el mundo exterior era el cine que, paradójicamente, se llamaba cine Moderno. A través de este cine la familia tiene acceso a los productos empaquetados de la industria cultural, donde la familia ve películas  mexicanas, de Kung-Fu, de miedo o terror, y el padre, como un niño, que todavía no logra alcanzar la mayoría de edad, se entretenía con las películas "que él dice son de carros, persecuciones y donde hablan mucho" (p. 28). No sabemos si el padre fue a la escuela, pero, por intermedio de Vielka, quien tiene muchas pesadillas y sueños, confirmando así su gusto por las películas de miedo y terror que tenía desde niña, sabemos que el padre reemplaza las ventanas de persianas por las de ornamento (decisión que es revertida por la madre al insistir en sus ventanas de persianas) y, como un salto en la salubridad moderna, él logra construir un cuarto más con un "servicio higiénico dentro de la casa" (p. 30). Además, en una esquina del patio sembró un árbol de almendras. Hasta aquí no se habla de libros, de bibliotecas, de librerías o de parientes maestros y la primera pregunta que nos asalta es, entonces, de dónde le salió al padre el gusto por los libros y la literatura. Hay que decirlo: esto no cae del cielo y, por lo tanto, no es un milagro divino. En Panamá, en la campiña interiorana, tenemos muy buenos ejemplos de familias que, por la educación y las profesiones, han logrado una extraordinaria movilidad social, familias que sabían lo que era un libro, pero en la vida de Ricardo Stanziola, lo único que se aproxima a lo que es cultura es su gusto por los carros rápidos que ve en el cine y las letras de sus canciones preferidas. Esta es una verdadera inconsistencia en la novela, un desliz narrativo que le quita verosimilitud a este personaje y, en términos generales, a la novela por lo que veremos más adelante. Lo que sí queda claro es que el mundo de Stanziola (y el de su familia) es un mundo estrecho,  cultural y socialmente muy limitado, que no pasa de ser el dibujo parroquial de un padre que, aparte de ser un miembro de las Fuerzas de Defensa (con grado de teniente), tiene un gusto desmedido por las sustancias etílicas (por cierto, consumía por botella treinta dólares), un gusto que él comparte con sus amigotes borrachines al entregarse a sesiones maratónicas de tomaderas interminables, como se dice en la misma novela "consumían botellas de alcohol sin misericordia" (p.31). Es un personaje que no piensa pero ni por "remordimiento" (como buen creyente en Dios que pretende ser en las páginas siguientes) en un solo milímetro en las consecuencias económicas de sus borracheras para la familia. Y es de este personaje que, aparte de tener un culto fálico por las armas, específicamente con su pistola de nueve milímetros, es que vamos a leer sorpresivamente (sin saber, repito, cómo adquirió esta afición) algunas reflexiones sobre Dios, la literatura y la filosofía, un sesgo dentro de la tradición literaria, si sabemos que, hasta la "locura" de un Don Quijote, se debía a sus libros de caballerías. Por supuesto, hay que decir que Stanziola no termina de modificar su propio mundo machista que, por "puro coraje", termina rompiendo el teléfono y aísla así más a la familia del mundo exterior por el malestar del noviazgo de su hija mediana, Brenda, con un joven estudiante de Derecho que está opuesto al "régimen" – ¿o dictadura? – de Noriega. Este es un personaje irresponsable e inmaduro, un personaje que, sin embargo, tiene paradójicamente un sentido de su familia al leerse desde la primera página de la novela lo siguiente:

> No es saber que vas a morir. No son las
> balas que te van a matar dentro de poco.
> No es el rifle que te apunta a la frente. Ni
> la oscuridad. Ni la soledad. Ni el dolor.
> El miedo es saber que no vas a volver a
> ver a tu familia. Ahora estoy aquí. Con
> las manos en la espalda atadas con ese
> chuncho. Mientras el gringo me apunta a
> la cabeza creo sentir lo que sintió Giroldi
> ese frío mes de octubre. Es el miedo.
> Puedes gritar o llorar, pero sabes que vas a

morir sin saber qué será de tu familia. Eso
es el miedo. Lo peor que puede sentir un
hombre (p. 30).

Es frente a esta situación límite, presumiblemente cuando los norteamericanos lo habían atrapado en medio de la invasión, que este personaje se acuerda de su familia. Pero, como hemos mencionado más arriba, el que menos pensaba o había pensado en su familia era precisamente este personaje que, para avisarle a los tomasitos que iban a ser bombardeados, deja sola a su familia en medio de la Invasión que también sufrió La Chorrera, si bien no con el mismo dramatismo de San Miguelito y, mucho menos, de El Chorrillo, aunque haya una escena que habla a favor de este personaje que dice no al mayor Giroldi para unirse contra la intentona a Noriega por pensar en sus tres hijas. Eso se lo reconoce la mujer. Ahora bien, podrá inferirse que las personas reaccionan y cambian frente a situaciones límites, punto que no discuto porque es cierto – nadie es infalible a modificar sus aptitudes y opiniones. Pero lo que me parece inconsistente es que el personaje, dentro de sus propias contradicciones, no haya podido ver o reconocer (quizás por su torcida representación de lo que es un hombre, no del hombre en su sentido filosófico, sino en su sentido más anacrónico que es el macho) que si hay un miedo elemental, primario, es el miedo de perder precisamente la propia vida. Tengo la sospecha que de este miedo nadie se escapa, ver aniquilada su propia vida, independientemente de si se tiene amor a la familia, a Dios o la Patria. Es el miedo más primitivo de la existencia humana, es el sentimiento más íntimo a pesar que todas las ideologías, religiones y regímenes totalitarios apunten a reemplazarlo por el deber o el amor a las abstractas entidades arriba señaladas. Y es a partir de aquí que me parece muy discutible e insostenible el diálogo que sostiene el mayor Giroldi con Stanziola que, dentro del mundo escatológico de la novela, aquel desilusionado de su fracaso de no haber ejecutado a Noriega, dice:

> —Es más fácil decirte eso. Cuando sabes que vas a morir sientes un escalofrío que te va calando hasta la médula de los huesos; es el miedo. **Pero no es miedo a morir.** Ni siquiera el dolor de la tortura o la oscuridad que provoca una capucha negra. El miedo no es eso. A uno le vienen muchas imágenes. Las primeras son de la familia: tus hijos, tu esposa. Cuando me llevaban para Tinajitas yo solo pensaba en ellos. En ese corto instante, uno piensa en lo que será de ellos (Resaltado es nuestro. p.142).

Esta frase recuerda a Aureliano Buendía en la novela Cien años de soledad de García Márquez, cuando este personaje, frente al pelotón de fusilamiento recordaría el día que su padre lo llevó a conocer al hielo. Pero el miedo de este personaje macondiano no tiene el propósito de recordarnos qué tan importante es la familia nuclear, monogámica y temerosa de Dios, como lo leemos en Stanziola que sencillamente le cuesta aceptar que el miedo, su miedo, no puede ser oprimido ni por el amor a su propia familia y a sus tres hijas. No obstante, hasta aquí habríamos aceptado al personaje en sus contradicciones (porque ellas son perfectamente comprensibles), si no es por el impulso de la novela de meternos en una área metafísica que, sencillamente, no cuadra con este personaje que no sabemos cómo había llegado al mundo de los libros, de la literatura e, incluso, de la teoría cuántica. No es que neguemos que se pueda adquirir tal información de segunda mano e, incluso, de oídas o en un sueño divino como se le reveló en la leyenda el Corán al profeta Mahoma, pero, como se pretende hacer en la novela es falso, porque lo que se revela es que hay una yuxtaposición de diálogos o de capítulos que no tienen coherencia o verosimilitud entre sí. Son capítulos sin solución de continuidad que no logran dibujar un mundo coherente (aunque contradictorio) entre el mundo rural, escatológico y la biografía personal. Lo que sí es cierto es que, a través de Vielka, que es la menor de  las hermanas, recordándonos así las piezas de teatro *Las tres hermanas de Chéjov,* que viven en un área rural de Rusia, la novela nos propone en el capítulo once una idea de la vida, de la religión, de la crisis moderna, al leer del padre la siguiente pregunta a su yerno, novio de Brenda, en el primer párrafo:

—Dime, Paolo, ¿crees en Dios?

—No, señor.

A papá le gustaba hacer a la gente una pregunta medio filosófica.  Era su ego abriéndose paso al comienzo de una charla.

—Yo sí soy creyente, sabes. Te parecerá algo extraño en un militar, ¿cierto?

—No, señor. El mundo tiene derecho a creer en algo.

¿Te gusta la lectura, Paolo?

—Sí, señor.

—Tal vez esto sí te parecerá extraño; un militar que le gusten los libros

—Sí, señor. Eso, sí.

—Pues a mí me gusta leer, sí. Me gusta leer ficciones.

¿Te gustan las novelas?

—No, señor. Solo leo libros científicos.

¡Ah! Me imagino que te refieres a los libros que lees en la universidad. ¿Qué es lo que estás estudiando?

—Derecho, señor.

—Ah, quieres ser un abogado, claro. Los abogados tienen que leer mucho. Es extraño que no creas en Dios. Por lo regular son los sociólogos los que no creen en Él. Nunca sabré por qué los sociólogos no creen en Dios (p.61).

Si en algo coincido en este capítulo con Vielka es que estamos tratando con el "ego" de Ricardo Stanziola. Ni nada más ni nada menos con un "ego" que no termina de ver lo que, incluso, está pasando a su alrededor. En primer término la pregunta sobre Dios es, más que una cuestión "medio filosófica", un asunto de fe y de moral. En la historia del pensamiento Occidental hay un filósofo que quiso probar la existencia de Dios racionalmente: Descartes. Pero, aparte de este intento, que fue descartado por Kant mismo, al afirmar que Dios no es posible demostrarlo racionalmente, no creo que debamos entrar a discutir el asunto de Dios si se trata de la fe. Ya en Kant la moral, la fe racional, era el espacio donde Dios (emancipado del cristianismo) podía habitar. En fin, dejemos tranquilos a los creyentes cristianos del pueblo con su Dios, porque ya tenemos a un Nietzsche entre nosotros que, en su momento, nos dijo que el cristianismo es un platonismo para el pueblo. En efecto, si se entra en un terreno filosófico, no creo que la novela haya realmente entrado en materia a no ser que la misma nos revele las limitaciones de formación del personaje Stanziola, porque en verdad ni él mismo puede resolver la pregunta que se formula sobre ¿qué "es el hombre?" (p.64).

## El silencio excluyente del poder: la oportunidad perdida de Nati

Leer críticamente una novela es saber que nos enfrentamos a un mundo de ficción. No se trata de saber si el texto corresponde a la realidad o no. En este sentido, mi segunda tesis en este acápite consiste en que si algo tiene de coherente y convincente  esta novela es, precisamente, la estructura de poder narrativo basado en la exclusión. No obstante, antes de proseguir es necesario decir que el texto novelesco es un artefacto, un conjunto de relaciones que pone en movimiento la supuesta realidad (con esto no niego que sea imposible conocerla o que no existan certezas fuera de nuestro conocimiento), los imaginarios (ideas, visiones, sueños, entre otros.) y los recursos propios de la literatura como las paráfrasis, la memoria y los diálogos intercalados, por ejemplo, el título de la novela se deriva de una impresión de la narradora principal, Vielka, que nos lleva por el mundo de sus relatos ya sean imaginarios, reales o sueños:

> Ahora los aviones pasan a cada rato. El
> ruido que hacen es tan fuerte que pareciera
> que estuvieran dentro de la casa (p. 25).

Con Vladimir Nabokov se puede decir que no esperemos de un texto literario un retrato de la realidad. Esperarlo sería ser espiritualmente un filisteo, como todos aquellos que pretenden explicar los problemas del mundo por la acción solo de las fuerzas productivas o económicas o que quieren convencernos que la cultura produce economía. Debemos comprender que el mundo literario es tremendamente complejo y, a partir de este principio, considero que *Aviones dentro de la casa*, más que contarnos hechos y eventos de la invasión, como el hecho de que el padre hubiera ayudado Giroldi a redactar una cláusula contra Noriega y que promulgara con la libertad, articula un mundo de complejas exclusiones que aquí trataré de revelar, porque es de sobra conocido qué tan difícil es, en nuestra tradición cultural, patriarcal y misoginia, fálica y machista, judeocristiana y escatológica, inundada de brujas, fantasmas y duendes, tratar con los que no pertenecen a los que no se consideran "normales", los excluidos, sustantivo del verbo excluir, derivado del latín excludêre, que, según el *Diccionario de la Lengua Española*, significa "Quitar a alguien o algo del lugar que ocupaba o prescindir de él o de ello".

Esta exclusión es lo que exactamente ocurre en la novela. Revelar este mecanismo, por cierto, me parece el aspecto más interesante de la novela, aparte de haber identificado, dentro del discurso dominante de "educar sobre los valores", el rol del padre, la familia y Dios, puntos cardinales de la narración y que basan mi primera tesis sobre esta novela que, como dije en el primer acápite, es un constructo postinvasión que articula en el discurso dominante los recursos de una sociedad que tiene miedo de perder el control sobre sí misma. A partir de aquí se puede decir fácilmente que es una novela "conservadora" (en verdad, afirmando esto digo muy poco o casi nada), porque si la novela es "conservadora", no es por el recurso (más evidente) que hemos revelado en la primera parte, sino por el ejercicio del poder excluyente que confiere la voz narrativa, una estructura que distribuye con claridad quiénes hablan y quiénes no: el silencio del poder es excluyente, es conservador (y autoritario), no importa qué color tenga. Y en el transcurso de treinta y nueve capítulos, digámoslo de una vez, hay una voz que no habla, hay una voz de la que se prescinde por completo, la gran excluida de *Aviones dentro de la casa*, quien precisamente hubiera podido ser, por otra parte, la voz más original de toda la novela:

Nati, Natalia, fue la primera hija de mamá. Ya tiene veinte años, la edad de Paolo. Por alguna razón del destino y porque nació prematura, Nati vino al mundo con parálisis cerebral. Le agrada que la paseen en su silla y hasta sabe si es mamá, papá o alguna de sus hermanas el que la saca. No puede caminar, es ciega y no habla, pero tiene una sensibilidad muy grande y sabe lo que pasa a su alrededor. Por eso papá y mamá no discuten delante de ella. Afortunadamente le gusta la misma música que oye papá y cuando sube el volumen ella mueve la cabeza de un lado para otro y babea de alegría (p. 112).

Me parece que esta figura de Nati hay que tomarla con mucho cuidado. Es, esta voz excluida de la novela, la que habría podido ser la más original, donde hasta los muertos, como el mayor Giroldi, hablan en sueños o pesadillas. Pero, ¿por qué no se le da la voz? ¿Por qué se le excluye? Hago estas preguntas no por pura retórica. De hecho, no es suficiente decir que la sociedad panameña excluye a sus discapacitados, que sus familias los esconden, que, incluso, se avergüenzan de tenerlos en su seno. La exclusión operada en el texto va dirigido en otra dirección, que poco o nada tiene que ver con la realidad inmediata circundante. La exclusión la reconozco a partir de que, dentro de la gran tradición de la literatura, desde que Cervantes escribiera Don Quijote, los excluidos, los expulsados, los derrotados, los locos, los marginados, las descarriadas y los sufridos han sido las voces más originales del universo novelesco. Son ellos los que realmente han hablado y seguirán hablando por nosotros. Allí están los ejemplos de Flaubert, Joyce y Proust, de Dostoievski y Balzac, de Vargas Llosa y Onetti, de García

Márquez y de Cortázar. Y allí está el gran ejemplo, entre otras, de la brasileña Clarice Lispector. En Panamá tenemos el buen ejemplo de Joaquín Beleño con su personaje Atá en *Gamboa road gang*. Lo que quiero decir es que la literatura, lo que entendemos por literatura, es la rebelión más original contra los silencios del poder (de clase, de género y de raza) y, dentro de este complejo universo de construcciones, me parece que *Aviones dentro de la casa* reproduce una estructura de poder que se ha caracterizado por negarle la voz a los  más débiles de la cadena, en este caso a Nati, como lo reconoce el propio autor en una entrevista[54]. Los derrotados, en este sentido, siguen siendo derrotados, no por el poder invasor de un poder enemigo o de una dictadura, que es lo más evidente y claro de la narración,  sino, porque en este mundo de exclusiones, se ejerce, reproduce y ejecuta el poder del silencio, un poder que opera o quiere solventar la miseria de la exclusión por el sentimentalismo dadivoso de un gesto que quiere cegarnos de la efectiva exclusión que ejercen los propios derrotados sobre sí mismos, cuando el padre (Stanziola) caído en su laberinto etílico, después de haber regresado del "campo de concentración" montado por los norteamericanos, se levanta de pronto de su silla y se lee:

> Mis hijas..., mis hijitas queridas... ¿y dónde está Nati? Está en el cuarto, respondió Brenda. Y vi las lágrimas en la cara de papá (p. 123).

---

[54]. "Sí, Nati es una representación simbólica y la fragilidad de la familia. Si te das cuenta ella logra ser feliz siempre en los sueños, pero no son sus sueños. No sabemos si ella sueña. Sabemos poco de ella. Incluso yo no la conozco. Solo sé que ella está incapacitada. No puede hacer nada porque no ve, no habla y no camina. Pero sí puede oír. Escucha los cuentos, las canciones y la música. Y también escucha el ruido de los aviones y el silencio del miedo. Ella sabe reír y lo hace para hacernos recordar la posibilidad de la esperanza. Su incapacidad es su incapacidad para defenderse frente al monstruo del Norte" (La Estrella, 11 de septiembre del 2016).

¿Y qué pasó en el rostro de Nati? No lo sabemos. Aquí los derrotados son el espejo de su propia opresión al no liberar a quienes oprimen. Y aquí Nati, al no tener voz, no es más que la proyección de ese poder que se incrusta hasta en los derrotados. Ella es reducida al gesto, a una mueca, al grito, al llanto o la risa. De ella sabemos que necesita pañales y ya podemos imaginarnos el estado deplorable de su condición física, la humillación de no poder valerse por sí misma y reducida a la suerte, la buena voluntad o al sentido de responsabilidad de sus parientes. Es, en este sentido, que si hay un personaje que podría hablar más por Panamá —dentro de esas difíciles circunstancias— es precisamente Nati y no por no poder defenderse frente al "Norte", sino por su incapacidad de valerse por sí misma, por estar sometida a lo que otros decidan por ella. A través de Vielka, quien sueña lo mejor para Nati, nos enteramos que ella sabe, a pesar de que no puede ver o hablar, qué ocurre exactamente en la casa. Sin embargo, se le enmudece, no se escucha voz, y aquí está la verdadera mudez de la narración, el ocultamiento en la trastienda de la familia que se convierte en la prisión de este ser que se le quita el derecho a expresar qué está pensando y sintiendo: una oportunidad perdida.

# Conclusión

Como hemos planteado en la Introducción y hemos creído mostrar en ambos acápites, la novela *Aviones dentro de la casa* es un texto postinvasión que, desde el presente, donde domina el discurso de "educar en valores," lanza una articulación hacia el pasado, dentro del marco de la invasión norteamericana a Panamá en 1989, de tres elementos fundamentales en la reconstrucción de la sociedad que, según este discurso, son los pilares de su paisaje: el padre, símbolo de la jerarquía y el poder patriarcal, la familia, monogámica, estructura base de las relaciones humanas con roles bien definidos y la figura de Dios, representación que permite solidificar la pertenencia al grupo o a la sociedad. El mismo Paolo, novio de Brenda, quien había dudado de la existencia de Dios, la invasión fue el acicate para que volviera al redil que temerosamente había abandonado por un corto tiempo. Identificado estos elementos, que son la superficie del espacio narrativo, el "conservadurismo" de la novela se articula entre estos elementos para solidificar la exclusión a lo interno del universo familiar, una exclusión que se expresa en la distribución de las voces narrativas donde se determina quién habla y quién no, quedando así por fuera del espacio narrativo la figura más frágil de todo el texto: Nati. Se habla, se siente y se ríe por ella. No se llega a su voz, a pesar que la construcción literaria habría podido ser la perfecta posibilidad para formular esta voz oprimida y humillada. Si bien la novela padece de fallas de verosimilitud, especialmente, en el tratamiento de padre, pues su figura no deja de estar intervenida permanente por los registros autoriales, pedagógicos y educativos del autor-narrador, la misma ofrece una excelente oportunidad para discutir y analizar la siguiente pregunta en futuras aproximaciones: ¿cómo se expresa y por qué se articula el conservadurismo de valores en la novelística panameña actual en medio de la crisis del humanismo republicano?

**6**

# El incendio y el saqueo
# La invasión norteamericana a Panamá:
# ¿una catástrofe?

## Introducción: la "modernidad reflexiva" también conoce fronteras

El sociólogo alemán Ulrich Beck en su ya clásico texto *La sociedad del riesgo* (1986) menciona que "el siglo xx no ha sido pobre en catástrofes históricas: dos guerras mundiales, Auschwitz, Nagasaki, luego Harrisburg y Bhopal, ahora Chernobil" (p.11). Es, con Chernobil, que, según este autor, la violencia deja de ser aplicada "a los otros" (los judíos, los negros, las mujeres, los refugiados políticos, los disidentes, los comunistas, etc.) y así hemos llegado al "final de los otros", pues la violencia, el poder, el "poder del peligro Suprime todas las zonas protegidas y todas las diferenciaciones de la modernidad" (p.11). En efecto, el autor utiliza la palabra "catástrofe", que, según el *Diccionario de la Lengua Española*, es un *"suceso que produce gran destrucción o daño"*, dando a entender así que la catástrofe puede ser "natural" y, como dice Beck, "histórica", pero valga la pena preguntarse si el terremoto de Lisboa de 1755 (que, en aquel momento, no pertenecía a la periferia europea) no fue además una "catástrofe histórica, a pesar de no haber sido producido por el ser humano".[55] En

---

[55] Para los efectos de este trabajo no me detendré a discutir esta dicotomía que, ciertamente, se solapan y se entrecruzan y que retan cualquier simple división positivista entre lo histórico y lo natural.

125

efecto, la invasión a Panamá de 1989, ocurrida la noche del 20 de diciembre, se ubica en lo que Beck llama "la modernidad reflexiva", es decir, entendida esta como la modernización no de la tradición, sino de la sociedad industrial, de sus supuestos y capacidades, donde el riesgo y el peligro "no respeta fronteras" (sp). Beck no incluye guerras e invasiones en su análisis de la "modernidad reflexiva", aunque para un alemán que naciera un año antes de finalizarse la Segunda Guerra Mundial (y que tenía veintiocho años para finales de la década del sesenta) no le debió ser desconocido las experiencias de guerra de Indochina o Vietnam o las guerras coloniales en África . "La modernidad reflexiva", la que alcanza un desarrollo hipertecnológico, científica y técnicamente "controlado" y altamente destructivo, ha ensayado su alta capacidad de fuego en los "otros", es decir, no se ha llegado "al final de los otros", sino que precisamente "el otro" ha sido articulado en el imaginario global – al término de la Guerra Fría – a través de las destrucciones y ocupaciones acaecidas en Panamá, Afganistán, Irak, Crimea o Siria[56]. El otro ha entrado en la "modernidad reflexiva" como un campo de operaciones donde se neutraliza el derecho y resalta el "otro" desnudo global, "más allá de los derechos humanos" (Agamben 2006), sin ser necesariamente expatriados o refugiados, pero sí "ciudadanos", víctimas, ya de un Estado sin derecho o de una guerra hipertecnologizada.

Es, dentro de este contexto, que este trabajo se ubica: "la modernidad reflexiva", al contrario de lo que afirma Beck, también conoce fronteras, que son las fronteras del derecho, la soberanía y la vida, pero son fronteras que se diluyen en

---

[56] Es interesante observar que, en la discusión sobre la modernidad, tenemos también el clásico del "moralista" Todorov. El descubrimiento de América (1985), donde hace referencia al "otro", *es decir*, según él, la modernidad comienza con un gran genocidio: el indígena.

las llamadas periferias, los llamados patios traseros o las zonas de influencia. Y en la reflexión sobre ella, la pregunta aquí no consiste en saber si la invasión a Panamá debe considerarse como una catástrofe, aunque pude decirse que lo fue por la destrucción operada en vidas y materiales. La pregunta es cómo se articula esta catástrofe sentida o vivida en el imaginario panameño o, mejor dicho, en un tipo de imaginario identitario, sobre la dignidad y patria, y, por consiguiente, parto de la siguiente tesis:

a) La invasión a Panamá levantó dispositivos culturales – tras los bastidores del discurso identitario – de larga duración con respecto a la representación y oscurecimiento de la catástrofe en el plano escatológico – religioso, político y cultural. Fue un suceso que provocó, aparte de la denuncia política contra la invasión y el reconocimiento de las víctimas, el aparecimiento de un miedo "natural" unido a la caída de las bombas, el miedo sempiterno frente a los incendios que histórica y, sucesivamente, han destruido las principales ciudades de Panamá y Colón (dominada en gran parte por la madera hasta la mitad del siglo XX).
b) Hubo un oscurecimiento del saqueo como parte inherente a la onda expansiva de la invasión.

Son estos dos puntos que me parece interesante resaltar a través de los textos elegidos de la poesía, la novela, el ensayo y la fotografía, porque es posible reconocerlo en la representación de una catástrofe donde se cruzó lo "humano" y lo "natural".

## El incendio como larga duración entre las bombas y la madera

En la literatura panameña hay un poema, cuyo título es *Incendio*, que, según Elsie Alvarado de Ricord, es "el más intenso de los poemas de Sinán, y uno de los más hermosos de la lírica panameña..." (2000, p. 19). Este poema que se escribió en el año 1944, fue "un poema en tres tiempos con noventa y cinco versos" (García, 1986, p. 115), y fue escrito siguiendo el *Decamerón* de Dante, cuando Alvarado de Ricord, dice: "el infierno, asociado al pánico que el incendio desató en los atrapados; el purgatorio, asociado a la agonía de los que se asfixiaban entre el humo y las llamas; y el paraíso, en relación con las almas que oran desprendidas de los cuerpos en una concepción dualista del ser humano" (p. 18):

*Sirenas sin gemidos ni palabras*
*—mudo canto que solo oyó la muerte*
*clavaron agonías en la noche.*

*..........*

*De todos los caminos la rosa de los vientos*
*lanzó flechas de sangre.*
*¡Miserere, miserere, Señor,*
*calma tu cólera!*

*............*

*¡Mil potros degollados trotando cielo arriba*
*con las crines al viento enrojecidas!*
*¡Todo el humo del mundo,*
*todo el gas preparado para la guerra ruge!*
*¡Las máscaras del miedo ya no bastan*
*y las manos*
*ya no pueden asirse en la distancia!*
*—¿Quién pudiera subirse en una nube?*

Según Rodrigo Miró, este poema, *Incendio*, nació de una "experiencia vivida una madrugada de sobresalto" (1996, p. 239), aunque, si bien no nos dice dónde (y tampoco hemos podido confirmar que haya habido alguno en aquel año), suponemos que, efectivamente, fue un incendio real o imaginario en la ciudad de Panamá. Lo que sí se puede afirmar es que estos versos, que hemos seleccionado del primer tiempo, pudieron haber sido perfectamente escritos en 1989, aquella noche del 20 de diciembre. Tiene todos los elementos que, incluso, pueden ser asociados a los helicópteros que sobrevolaban el cielo de El Chorrillo, aquel barrio donde había quedado el Cuartel Central de los militares: ¡Mil potros degollados trotando cielo arriba...! No hay nada en el poema que no pueda dejar de ser verosímil en el imaginario de una noche en donde las bombas y, sobre todo, el incendio, fueron incluidos en una narrativa de terror. El poema, en efecto, no hace referencia a un elemento propio de las ciudades de Panamá y Colón, un material de construcción que se utilizó en aquella modernización operada ya desde el siglo XIX por la Construcción del Ferrocarril que revolucionó las ciudades de Panamá y Colón. Si para Walter Benjamin, París era la capital del siglo XIX, por sus exposiciones y sus Pasajes, donde predominaban el cristal, el hierro y las lámparas de gas, en aquellas ciudades del país centroamericano, que estaban destinadas a ser nudos periféricos de la modernización capitalista global por su función transitista, la madera se constituyó en el único material de construcción de las barracas para alojar a los cientos de miles de trabajadores provenientes sobre todo del Caribe anglosajón y francés:

> La vida en el barrio es la misma en
> las viejas casas de madera que se van
> haciendo más viejas y son condenadas
> por inservibles y no son abandonadas
> por la últimas familias porque para
> dónde ir si el barrio lo es todo... (Chuez,
> *Operación Causa Justa,* 1991, p. 29).

En efecto, si en el poema de Sinán no hay referencia a la madera, como tampoco la hay directamente en casi toda la literatura panameña, si está presente directa o indirectamente desde el Modernismo de un Demetrio Herrera en *Lejanías* (1971), pasando por el poema *Cuartos* del vanguardista en Demetrio Herrera Sevillano (1989 [1945]), quien, con los siguientes versos, ha impregnado el imaginario de cientos de miles de panameños en el transcurso de muchas generaciones: *"Zonzos/ de calor y noche/pasan cuartos,/ cuartos.../cuartos.../ Cuartos de la gente pobre"* (p.44), hasta los textos contemporáneos como en el caso de Chuez, cuya novela *Operación Causa Justa* es uno de los primeros textos literarios tras la invasión.. Por ejemplo, en esta novela, como se ejemplifica en la cita, la madera está asociada a "las viejas casas" y, sobre todo, al hecho de ser "condenadas", que significa estar a punto de ser demolidas. Declarar una casa "condenada" es una prerrogativa municipal que dicta el día de expiración que, incluso, se puede prorrogar. El punto es que la condena está íntimamente asociada a la madera, al incendio y, por cierto, a la catástrofe:

> El Chorrillo es un barrio muy densamente poblado. 25,000 mil habitantes en solo un par de kilómetros cuadrados. Y ardió, como cajitas de fósforos. 3993 casas destruidas. Eran casas viejas y de madera, de la época de la construcción del Canal. Fueron mandadas hacer por los ricos, lo más baratas posibles, para alquilárselas a los obreros que, a pico y pala, sudor, sangre y muerte, construyeron el Canal" (Martínez *La Invasión de Panamá* 1992, p. 36)[57].

---

[57]. Con respecto a la cantidad de casas destruidas no lo hemos comprobado hasta ahora. Me parece más cierto si se habla de 3,999 familias como lo plantea Tapia y Porcell que mencionan 3,000 familias y que "50% de ella vivía en casas condenadas" (1994, p 93), es decir, de madera.

En este ensayo de Martínez hay una descripción general de la dimensión del desastre, dominado por el incendio, un hecho que se llevó prácticamente por completo este barrio histórico y popular de la ciudad de Panamá. No se sabía cuándo y cómo iba a ocurrir la invasión, cómo no se sabe cuándo llegará un terremoto, no obstante, todos y cada uno intuía o sospechaba que, en cualquier momento, la invasión ocurriría. Y, en efecto, ocurrió a medianoche, donde los vecinos escucharon ruidos de helicópteros, golpeteo de metrallas y caída de bombas. Hubo muertos, por supuesto, inmediatamente localizados a los alrededores del cuartel militar. Pero, justamente aquí, en el intersticio entre las bombas y el incendio, hay una duda que recorre a todos: ¿quién provocó el incendio que, finalmente, terminó destruyendo el barrio de El Chorrillo? ¿Las bombas o las tropas paramilitares panameñas? Esta es una pregunta que se formula en el ensayo *La verdad sobre la invasión* (Beluche, 1994) al afirmarse que "Un asunto que ha despertado polémicas es referente a cómo se inició el fuego que incendió El Chorrillo" (p. 36). Sin entrar en esta polémica, que no es el objetivo de este trabajo, es aquí donde encuentro que hay una inflexión dentro de toda la narrativa sobre la invasión, donde las bombas, la misma invasión, si bien no pasa a segundo plano, sí pierde su protagonismo frente a una pregunta que conecta con la historia de los incendios en Panamá, y, particularmente, con los de El Chorrillo, que eran una amenaza constante en la vida cotidiana de los vecinos, como lo muestra el casi o muy poco conocido texto de la Junta Comunal de El Chorrillo *Síntesis, histórica del barrio de El Chorrillo* (1974), en el cual se afirma, lo siguiente:

> "Dentro del desarrollo de este trabajo, hemos considerado de significativa importancia el hacer mención de los agentes que han contribuido a agudizar

uno de los problemas más flagrantes de la comunidad chorrillera, el cual ha dejado muchas familias a la intemperie, con el singular calificativo de "damnificado", sin dejar de pensar en los "damnificados en potencia", residentes en los viejos cuchitriles, a los que una voz cantara el vate panameño Demetrio H. Sevillano, en su siempre recordado poema *"Cuartos"*, y los que no están exentos del peligro de convertirse en pastos de las llamas. Queremos sí, que desaparezcan aquellas casas de madera construidas desde 1913-14, pero no por medio de un incendio, sino de un vasto programa de urbanización, cónsono con las necesidades de los chorrilleros"... Tres grandes incendios han estado a punto de destruir todo el barrio, miles de familias han sido afectadas seriamente en los últimos 25 años, y en la actualidad, cientos de casas caen podridas, sus maderas resecas y viejas, solo esperan el menos descuido para entregarse a las llamas. Estas casas han cumplido con sobrado tiempo su función, ¿hasta cuándo seguiremos habitándolas? (p.23 y 25).

El Chorrillo prácticamente desapareció por el incendio quince años después. Y el folleto se publicó dos años después de que ocurriera el último gran incendio de El Chorrillo, precisamente, a las vísperas de la Navidad, la noche del 24 de diciembre[58], cuatro días de diferencia con la invasión de 1989

---

[58.] Con el nombre de la "24 de Diciembre" se construyeron unos multifamiliares para recordar el incendio de 1972.

que ocurrió el 20. Tres incendios, en fin, que precedieron al del 1989, ya fuese provocado por un "corto circuito" en 1950, un "desperfecto en una estufa de kerosene" en 1954 o "una botella de aguarrás y una estufa defectuosa", se suman a la serie de incendios registrados en el siglo XX en El Chorrillo, que marcan y articulan en el imaginario (popular y culto) una tríada de palabras que pertenecen juntas: incendio, noche, calor y fiestas (ya navideñas o de Carnaval), elementos narrativos que han sostenido el discurso de larga duración sobre los incendios, un discurso que se ha desplegado en la poesía (Sinán), el ensayo (Martínez), la novela (Chuez), el periodismo y las artes gráficas. Si bien el incendio de 1950 y 1954 ocurrieron en el día, los mismos están fuertemente imbricados en aquel juego de palabras que impregnan a la ficción literaria y que recorren el imaginario popular y religioso como puede verse en la novela de Chuez donde una figura piensa que lo inevitable vendría para limpiar los pecados.

Aparte, en efecto, que todos los incendios, incluido el de la invasión, prácticamente se circunscribieron en tres calles, la 25, la 26 y la 27 de El Chorrillo[59], dándole así una ubicación específica a este evento nombrado como "catástrofe" (coincidencia histórica, por cierto, que fue notada por Héctor Collado), hay además un punto en común que identificamos porque, dentro de la narrativa de la nación, aquella la que busca su identidad, pero que ha sido una y otra vez humillada por las fuerzas extranjeras,

---

[59.] En este sentido, uno de los testigos de la invasión, Héctor Collado, lo dice: "El incendio realmente comenzó como a las 3:30 o 4 de la mañana en el sitio que llamamos Bocas del Toro y siguió hacia abajo. A eso de las 10 había gastado todas las casas de las calles 25, 26 y una de las aceras 27" (en Rivera y Martínez, 1998, p. 55).

existe  el intento de insertar este evento del 89 en un giro nacionalista que alcanza hasta la Época Colonial, un giro que apela al incendio, porque permite ser el puente con otra destrucción acaecida en Panamá, pero ocurrida en el año 1671 por el pirata inglés Henry Morgan, quien acosó y tomo a la antigua ciudad, la que también había sufrido incendios y temblores, pero nada quedó tan registrado como lo que ocurrió con el pirata Henry Morgan. Como en la invasión de 1989, también se ha polemizado aquí  sobre quién había incendiado la ciudad y de la mano de uno de los primeros historiadores republicanos del país, Julio B. Sosa, *Panamá La Vieja* (1919), se lee a pie de página: lo siguiente: "La antigua Panamá era en otro tiempo una gran ciudad, pero de ella no quedan hoy sino ruinas y algunas casas habitadas por gente pobre. El puerto no era bueno. Los españoles que pensaban en abandonarla antes que Sir Enrique Morgan la incendiase en 1671, no vacilaron después del incendio y en lugar de levantarla de nuevo fundaron otra al Oeste" (p.18). Esta cita la toma de un viajero inglés y es solo rebatida hasta la década del 50 por el historiador Ernesto Castillero Reyes, quien afirma que fueron los españoles quienes ordenaron incendiar la ciudad. Pero, sin embargo, la culpabilidad de Morgan queda registrada en el imaginario popular y literario hasta fecha reciente, el cual es descrito como un invasor, un profano invasor, donde se incendia la ciudad[60]. Pero es mucho más evidente el cruce histórico en el poema de Manuel Orestes Nieto para establecer la conexión de dos eventos ocurridos con tres siglos de diferencia, porque,  la circunstancia que paracaidistas hubieran caído en el lugar de las ruinas, le permite  escribir lo siguiente:

---

[60]  En el poema de María de Lourdes Barsallo Jaén, se lee: "Dolidos habitantes/ceden/ya agotados/la vacía recompensa al profano invasor/ Previamente acordada/se cumple la secreta ordenanza y en infernal incendio/desde puntos vitales a escombros/ se reduce tu noble árquitectura". (recuperado el 11 de diciembre del 2016 de https://mdelbj2.com/2013/11/14/poema-historica-panama-la-vieja-2/. 2013).

## Cambio de los tiempos[61]

*Cuando aquel enjambre de paracaidistas*
*comenzó a caer en grandes cantidades*
*en los alrededores de la vieja ciudad de Panamá,*
*achicharrada en 1671*
*por órdenes del propio gobernador Pérez de Guzmán,*
*después de una infructuosa defensa con toros en soltura,*
*el pirata Henry Morgan, quien la tomó por tierra,*
*y estaba observándolo todo*
*desde las ruinas de la torre de la Catedral,*
*única sobreviviente de sus hazañas depredadoras,*
*sintió la envidia inmensa*
*de no haber tenido la suerte de contar*
*con esos extraños aparatos de aerotransportación*
*y esas raras sábanas*
*capaces de hacer flotar a los hombres en el aire.*

Aquí entran varios elementos que, como en este último poema, muestra la posición estética, política y cultural de quienes lo elaboran. Lo interesante de este último poema es que los soldados norteamericanos entran en la ciudad colonial, cuando ya la misma había sido incendiada —"achicharrada"— por orden del propio gobernador y, como un testigo, el pirata Morgan, desea tener todos esos instrumentos de guerra. Aquí se solapan los acontecimientos y los personajes, cuya fuerza simbólica es que la historia se repite otra vez que, a pesar de que el español haya ordenado incendiar la ciudad de Panamá, solo hay un culpable que esto haya ocurrido como en 1989: el invasor.

---

[61.] (Cita el 11 de diciembre de 2016 de http://memoriasdelainvasion.blogspot. de/p/poemas.html Manuel Orestes Nieto, 1991).

## La parte oscura de la catástrofe en las estrategias textuales: el saqueo

Siguiendo la idea de François Walter con respecto al aporte que pueden hacer las historias culturales en relación al análisis de las representaciones que las sociedades y los individuos hacen de los eventos que les afectan, se puede afirmar que la articulación de una narrativa de la catástrofe, una narrativa, que se ubica en la producción de múltiples textos, ensayísticos, novelísticos, poéticos, fotográficos, es un acto de asumir un hecho significativo por los actores que se sienten o encuentran afectados por los mismos[62]. Por los que la vivieron y la definieron como una catástrofe, "una noche catastrófica para las personas que vivíamos en el barrio de El Chorrillo, un barrio popular, marginado y muy necesitado" (en Beluche, p. 30) hay un hecho que cruza la idea de catástrofe con el dispositivo técnico disponible en el momento y que da una imagen de la dimensión de la misma:

> El Instituto de Geociencias y la Estación Sismológica de la Universidad de Panamá informaron: "la primera bomba cayó a las 12 h 46 m 40.3 s y durante los primeros 4 m cayeron 67 bombas." Y agregan: "La duración de cada detonación fue de 1.0s y en total hemos contabilizado aproximadamente unas 417 explosiones [...] más otras de 5 de alto poder destructor durante las primeras 14 horas del día 20 de diciembre (en Soler, p. 2).

---

[62] Ver "Le role de l'historian face à la catastrophe" (recuperado el 11 de diciembre de 2016 de www.communication-sensible.com

Hasta la fecha no he podido corroborar estos datos. Y lo afirmo porque de este sismógrafo se han dado versiones modificadas de lo que comunicó este instrumento de la Universidad de Panamá[63]. Esto es interesante resaltarlo, porque de toda la literatura que he leído al respecto, hay muchas versiones diferentes sobre de cuándo se inició el incendio, de cuántas horas fue su duración y quiénes fueron lo que lo provocaron y, en este sentido, llego a la conclusión que de un evento de esta dimensión, donde hay cientos de miles de personas involucradas, jamás se logrará una mirada unificadora, sino más bien se obtiene un caleidoscopio de respuestas, percepciones y representaciones. Algunos, por ejemplo, tratarán de monopolizar la representación de la misma utilizando la palabra verdad, no obstante, lo que sí queda claro son los puntos que, para las víctimas o testigos, definen este acontecimiento que ha sido dividido en tres partes: la caída de las bombas (con el enfrentamiento correspondiente de las tropas y la incertidumbre de la cantidad real de muertos), el incendio y, finalmente, el saqueo. De este último escenario, que pertenece a la onda expansiva de la invasión, no hemos encontrado muchas referencias escritas o visuales, que, por cierto, para los que articulan los textos sobre este evento, es la parte menos referenciada por no ser lo suficientemente digna o heroica[64].

Es, para decirlo, en otras palabras: la parte oscura de la invasión, de la catástrofe, que no solo destruyó vidas e

---

[63]. En Martínez se afirma: "Según datos recogidos por el sismógrafo de la Universidad Nacional. "solo en las primeras 14 horas del 20 de diciembre, primer día de la invasión, el ejército (norteamericano lanzó en el área metropolitana de la ciudad de Panamá 417 bombas y explosivos de alto poder" (p. 25).

[64]. En Panamá hay un evento nacionalista de 1964 que se conoce como el 9 de Enero, donde murieron 21 estudiantes en una manifestación contra la presencia norteamericana en Panamá.

infraestructuras, sino que terminó destruyendo todo el soporte jurídico, moral y policial con respecto a la propiedad, la seguridad personal e, incluso, como afirma un exmilitar, "dividiendo a las familias panameñas" (Delgado Diamante 2014, p. 9). Este último escenario, el saqueo, fue, sobre todo, el anuncio de lo que posteriormente se conoce como los "estados fallidos", es decir, la imposibilidad de monopolizar (al estilo weberiano) la violencia clásica (militar o jurídica) del poder: los ciudadanos (para algunos la clase alta o media) se arman contra las bandas y los saqueadores, los barrios se protegen tras barricadas y rejas y las agencias de seguridad privadas ocupan el espacio tradicional del Estado. El enemigo ya no es el extranjero, en este caso, el soldado norteamericano, sino el panameño común: se fractura el debilísimo consenso de lo nacional. En este sentido, el saqueo, como parte oscura de la catástrofe, no encuentra lugar (o muy poco) en la mayoría de los textos. Solo hay una verdadera excepción notable (que verdaderamente no es de extrañar de este autor), tanto por mencionarlo (el saqueo), como por haber desarrollado una estrategia para restablecer el discurso perdido de una nación que, en el paisaje de la identidad nacional, frente al agresor externo, había tapado y oscurecido las grandes desigualdades internas y, al revelar esas desigualdades, las refiere para lograr mantener ese discurso:

> El día de la invasión las calles de la ciudad estaban totalmente desprotegidas. Y de pronto, por generación espontánea, se regó como pólvora la idea de que se podían saquear impunemente los negocios. Muy particularmente los supermercados, las grandes tiendas donde se vende comida. Debo suponer que la idea brotó de la cabeza del estómago de los pobres. Pero

el saqueo fue completamente generalizado e inmediato"… "Asimismo se volvió la gente, todos a la vez, hacia los supermercados"… "Gente de la clase media, chiquillos, pobres, todo el que podía salía y entraba con licor unos, los pobres con comidas, otros con las cajas registradoras, los aires acondicionados, las computadoras, y un montón de cosas indudablemente valiosas, pero absolutamente inútiles para quienes cargaban con ellas"… Hay que recordar que todos esos almacenes, supermercados y negocios, se lucieron apoyando a la sedición e incluso abiertamente la intervención militar norteamericana (1994, p. p. 400, 401 y 402).

En efecto, se sabe del saqueo por una fotografía o una referencia de pasada, pues no tenía cabida frente a la enormidad de la indignación o el impulso de denuncia de los textos. Pero, aparte de saqueos a supermercados, tiendas y negocios, que fue ejercido hasta por "gente de la clase media", el Museo Antropológico Reina Torres de Araúz de la ciudad, con sus cientos de piezas de oro, fue saqueado prácticamente en su totalidad. Se afirma, con sentido del humor, que lo único que no fue objeto de saqueo fueron las poquísimas librerías. Frente a este último escenario, que pervive en la oscuridad de la invasión, otras palabras inundan los textos: batallas, invasión, guerrillas, fosas, hospitales, campos de concentración, verdad, e, incluso, genocidio[65]. Pero a partir

---

[65] Tapia y Porcell utilizan el término "genocidio", el "dramatismo del largo genocidio" (85) para referirse a la masacre de El Chorrillo resultado de las bombas. Ellos tiran, además, de un paralelismo con Hitler al mencionar la Blitzkrieg (guerra relámpago). También Enrique Chuez habla de "agresión genocida y cruel" (2008, p. 347).

de aquí, del saqueo, la imbricación clásica, heredada de la modernidad del Estado nacional, monopolio de la violencia y confianza jurídica, se rompió por completo y no se ha vuelto a restaurar hasta el día de hoy. Este punto, dentro de las estrategias textuales de representación es oscurecido, porque no concierne tampoco a las representaciones clásicas de conflictos que, hasta ese momento, había definido la existencia del Estado nacional panameño: la recuperación de su soberanía nacional de la Zona del Canal frente a los Estados Unidos. Esta parte oscura de la invasión que ha sido borrado, como hemos dicho, en otros eventos nacionalistas (como el de 1964), no se redujo solamente a El Chorrillo (y en otros sectores de la ciudad), donde cayeron las bombas y el incendio correspondiente, sino que se expandió a toda la ciudad de Panamá, donde comercios y propiedad privada fueron asaltadas masivamente[66]. Es de aquí, entonces, que planteo que esta parte oscura de la invasión también reveló un  fenómeno de larga duración, un hecho que siempre se desarrolla a trastienda de las marchas, de las protestas, de las manifestaciones y de las invasiones. Su ausencia en los textos, preocupados por acentuar sus gestas, denunciar las iniquidades e injusticias (justificadas o no), plantea los límites de las representaciones y el amplio panorama de selecciones, cortes y censuras.

---

[66] En el documental Invasión (2014), de Abner Benaim, se hace mención del saqueo.

## Conclusión

En Panamá no conozco — hasta ahora — una "historia cultural" de los incendios (y, mucho menos, de los saqueos), aunque sí hay estudios históricos-descriptivos de los incendios en la época colonial y moderna (a pesar que el país ha sido una y otra vez marcado por estos eventos, sin mencionar, por supuesto, las recurrentes olas de fiebre amarilla que diseminaba poblaciones enteras de trabajadores y de funcionarios, ya fuesen caribeños, norteamericanos o europeos en el siglo XIX en el marco de la construcción del Ferrocarril o del Canal. Aquí hay un filón abierto por investigar. Y en cuanto a la invasión de Panamá, como un hecho que fue sentido y vivido como una catástrofe, pues liberó ambos elementos, incendio y saqueo en toda la ciudad de Panamá, creó una gran cantidad de textos que, bajo una perspectiva de denuncia y protesta en algunos o una narrativa literaria escatológica en otros,  articuló un discurso en medio de una identidad nacional fracturada, un discurso heredado de muchos años de relación conflictiva con los Estados Unidos de Norteamérica.

# III. Inmigrantes, viajeros y expatriados

# 7

# Memoria fundacional y memoria en movimiento "entre" el Interior panameño y lo afrocaribeño

## Introducción

Al llegar al aeropuerto de Miami de regreso de Panamá tras haber presentado mi primera novela, un funcionario estadounidense de aduana se fijó sobre el conjunto de libros que había puesto sobre el mostrador para el control de pasaportes. Su mirada se perdió en la portada del libro y lo levantó para ponerlo debajo de sus ojos. Con su dejo índice y con ojos humedecidos me señaló en qué cuarto de aquel caserón de madera había vivido  con su abuelo. Pude sentir su estremecimiento físico. Puso el libro de vuelta entre los otros y me preguntó hacia dónde iba y, justo en el momento en que me puso el sello sobre el pasaporte, le di ese ejemplar que había tenido en sus manos. La memoria, en efecto, no conoce fronteras nacionales. En mi experiencia como inmigrante por treinta años, he aprendido que la memoria la transportamos hacia donde vayamos, la alimentamos y la transformamos. No es una memoria congelada en el tiempo. La memoria de los inmigrantes, a diferencia de la memoria de los Estados nacionales, consagrada está en museos, discursos y en golpes de pecho nacionalistas de sus funcionarios,  es una memoria en permanente ebullición, vivida, aplicada a la vida cotidiana de todos los días, una memoria que pertenece a lo que Simmel definió como la modernidad:

> "La esencia de la modernidad como tal
> es el psicologismo, la experiencia y la
> interpretación del mundo en términos
> de reacciones de nuestra vida interior,

y por tanto como un mundo interior,
la disolución de contenidos fijados en
el elemento fluido del alma, de la cual
todo lo que es sustantivo está filtrado y
cuyas formas son meramente formas de
movimiento (en Frisby, p. 51).

Es, en este contexto de reacciones, de fluidez y de filtraciones que el inmigrante puede desarrollar, por un lado, una *memoria fundacional*, marcada por la nostalgia o la proyección de un mundo cerrado, donde recrea (o cree recrear) con fidelidad la tierra dejada atrás. Es una memoria que pretende congelar la cultura en parámetros fijos, detener el fluido del movimiento que todo lo filtra, y que responde sobre todo a la fundamentación de entidades absolutas, clásicas, como una nación, etnia o cultura. Y como ejemplo de esta *memoria fundacional* mencionaremos a Belisario Porras, Ricardo Miró, Demetrio Korsi y Carlos Russell que, a pesar de ser de diferentes generaciones, están relacionados tanto por la inmigración y el exilio como por el giro romántico de sus ensayos y narrativas. Por otro lado, veremos las *memorias en movimiento,* que es una memoria que consiste en la dinamización, en la fractura y transformación contradictoria de los espacios donde le toca vivir con todos los elementos que trae consigo. Es una memoria desgarrada, marcada por la soledad y la paradoja, que no busca fundamentar un espacio cultural, fijarlo, detener el movimiento. Es una mirada inútil para un Estado nacional, para el folclore y los identitarios. Aquí tendré como ejemplo a Eric Walrond quién, con sus ensayos y narraciones, narra la fractura de los espacios cerrados, y proyecta la fluidez, la filtración y porosidad de esa modernidad que, a diferencia de la *memoria fundacional*, no pretende — como reacción — diseñar espacios cerrados.

Esta separación conceptual es sobre todo de carácter formal. No niega que ambas puedan conectarse en amplias construcciones conceptuales. El punto aquí es que ambas memorias creadas por inmigrantes, exiliados y expatriados son respuestas a las complejas trayectorias que impone la modernidad de la vida, caracterizada por las fracturas de los espacios de vida, representación y los desplazamientos humanos que cruzan las fronteras nacionales.

## Inmigrantes, viajeros y expatriados en la *memoria fundacional*

Habiendo definido los conceptos de *memorias fundadoras y memorias en movimiento* es necesario poner atención a la preposición "entre", porque nos lleva a tener consciencia que estamos ante dos construcciones históricas, dos metáforas, lo Afrocaribeño y el Interior en Panamá. De hecho el Interior es un concepto que nos remite, como lo menciona Bachelard al "mito de lo interior" (2002, p. 116), a un espacio donde predomina lo original, lo mágico y la autenticidad, puntos que han sido utilizados para definir la nacionalidad panameña[67]. Y el mundo Afrocaribeño se desenvuelve conectado con los mares, el espacio socioeconómico cultural de lo que se ha conocido como la "economía de tránsito" y el "transitismo", un espacio que, para Rogelio Sinán, ha sido "virtualmente extranjero" (1957, p.104). De hecho, este espacio ha estado sometido a las más vertiginosas transformaciones del Mundo Moderno desde que en 1850 se decidiera construir el Ferrocarril por el Istmo[68]. Esta transformación radical del

---

[67] Al respecto, tenemos esta frase clásica de Miró: " [...] es el interior de la República, la reserva de la nación, donde siempre hubo laborioso quehacer, pero honrado y viril, anterior y posterior a los momentos de decadencia de la zona de tránsito, y donde se ha ido gestando la nacionalidad" (1947, p. 162).

[68] Sobre estos dos conceptos hay una copiosa literatura y señalo aquí dos clásicos: Méndez Pereira (1940) y Alfredo Castillero Calvo (1973).

Istmo, con la venida de muchos inmigrantes de paso, con la explosión de los negocios y de la especulación, debió haber creado en los nativos, tanto urbanos como rurales, una actitud de asombro y miedo, que, no pudo dejar de manifestarse en rechazo pasivo o activo[69]. Pero ya aquí estaba sellado el destino del Istmo, cuyo paso transístmico solo transformaría lo que ya estaba planteado desde la Colonia: la globalización de Panamá. Es, en este sentido, que me atrevería mencionar a Panamá como un pequeño laboratorio de la modernización (dentro del gran laboratorio que fue y es el Caribe que fue marcado por la colonización y la esclavitud), entendido esta como la transformación de las condiciones de vida en el orden económico, político, jurídico y cultural, donde el individuo o los individuos estarían vinculados por la razón comercial, pecuniaria y de transacción del mercado local y mundial.

En este marco histórico-social se articula lo que se entiende como el Interior y lo Afrocaribeños que en ambos casos, más en el primero que en el segundo, ha sido asociado con el folclore como lo hace Porras en *El orejano* (1882). En efecto, con Fanon (1961) pensamos que son las élites intelectuales y no la cultura popular las que crean esas formas convencionales e institucionales de la cultura. La cultura popular es antifolclórica, transformadora, inventiva y tremendamente iconoclasta por estar envuelta en la sobrevivencia del día a día. Esta no se deja atrapar en un catálogo cultural para el consumo de ferias y Carnavales,

---

[69]. Al respecto hay un artículo reciente sobre *El incidente de la Tajada de Sandía* de 1856 que fue un conflicto campal de cuchillos y armas de fuego entre panameños y norteamericanos, donde la autora, dice: "Acciones como estas reafirmaron en la mentalidad de los istmeños el recelo ante los extranjeros". (Recuperado de Vilma Chiriboga de http://laestrella.com.pa/opinion/columnistas/controversial-incidente-tajada-sandia/23996168.)

eventos intelectuales y cátedras universitarias. La cultura popular, sometida a la vertiginosidad capitalista de los últimos ciento cincuenta años, es la respuesta individual y colectiva al reto de sobrevivir. A partir de aquí, entonces, cuando hablamos del Interior y de lo Afrocaribeño me refiero a construcciones ejercidas por las élites en el transcurso de la fractualidad discursiva de ellas. Es difícil establecer la cronología del concepto del Interior y de lo Afrocaribeño, cuándo nacen y se articulan en discursos operativos de representación. Pero, sin embargo, mantengo como hipótesis que quienes fundamentaron, paradójicamente, un concepto identitario para el Interior y lo Afrocaribeño fueron precisamente aquellos tocados por la experiencia del exilio, la inmigración y el hecho de haber sido expatriados, intelectuales que no pertenecían a la élite capitalina europeizante. Es posible que el primero en articular una representación del Interior para Panamá proviene, precisamente, de un personaje histórico que fue tres veces presidente de Panamá y un verdadero inmigrante, viajero, exiliado y expatriado: Belisario Porras (1856-1942). Vivió y viajó por múltiples países de América y Europa e, incluso, la Asamblea Legislativa lo despojó por dos años de su nacionalidad panameña en 1904 al negarse a aceptar la separación de Panamá de Colombia en 1903. Guardando las diferencias, fue un expatriado como lo fueron cientos de miles de antillanos en razón de ser negros británicos (cristianos protestantes y de lengua inglesa) en la década del cuarenta con la constitución de Arnulfo Arias. Y fue Porras, nacido en Las Tablas en medio de una provincia marginal, quien escribió su clásico ensayo *El orejano*, que fue publicado en Bogotá para referirse "a un tipo notable del Istmo" (41). Cuando se lee con atención este ensayo se llega a la conclusión que el autor era plenamente consciente que articulaba una *memoria fundadora*, por ejemplo:

> Por los rasgos de su fisonomía se puede
> juzgar que el orejano no es un tipo vulgar.
> Su cutis es blanco como la de casi todos
> los habitantes del Istmo en el interior
> mediterráneo; su nariz, aguileña; astuta
> e inteligente su mirada; sus movimientos
> sueltos y desembarazados (42).

Es fácil reconocer en esta cita la operación blanqueadora de Porras — ¿habrá querido decirnos que no solo son "blancos" los de la élite en la capital? — de lo que él denomina el "interior mediterráneo". Alude así, según él, al punto de origen de toda cultura en Panamá, en este caso, la hispánica, que en el Interior — a diferencia de la zona de tránsito — ha permanecido fiel a su origen, punto este que fue contrapunteado muchos años después por otro giro romántico por Armando Fortune al decir que el negro, a diferencia del colono blanco español, "jamás pensó en ser sino panameño", porque no podía regresar al África[70]. Porras, en el transcurso

---

[70] "Los negros debieron sentir, quizás más pronto que los blancos, aunque no con más intensidad, la emoción y la conciencia de la panameñidad. Fueron muy raros y escasos el retorno de los negros al África. El negro africano ya en Tierra Firme se vio forzado muy pronto a perder la esperanza de retornar a su hogar nativo, y en su nostalgia nunca pudo pensar en una repatriación, como retiro al acabar sus días. El negro criollo del Istmo jamás pensó en ser sino panameño. El colono blanco, en cambio, aún antes de su arribo a Tierra Firme ya pensaba en el regreso. Vino para retornar rico y tal vez con título de nobleza por gracia real. El criollo blanco mismo tenía por sus padres y familiares conexiones con la madre patria, y se sintió por mucho tiempo ligado a ellos como un español istmeño. Nada de eso pudo lograr ni desear el criollo negro, ni siquiera el mulato, salvo los pocos casos de hijos claros o pardos de nobles blancos, que obtuvieron privilegio de pase trasracial y real cédula de blancura. En la capa baja de los blancos desheredados y sin privilegios, igualmente debió chispear la panameñidad. La panameñidad, que es conciencia, voluntad y raíz de patria, surgió primero entre las gentes que nacieron, se criaron, y vivieron aquí, sin la posibilidad de retorno, con el alma arraigada en la tierra panameña" (en Maloney, 1993: 300).

de su texto, hace mención a la pollera, a la cutarra, al violín, a la flauta, a la guitarra, a la junta, al lenguaje y a la religión, elementos todos de un universo romántico mestizo-hispánico de representación donde la unidad de la raza y la cultura hacen una identidad e, incluso, una región y una nación[71]. De esta unidad, como hemos afirmado, Porras era muy consciente como se muestra también en su polémica de 1903 en "Reflexiones Canaleras o la venta del Istmo" contra la separación de Panamá de Colombia y contra los Estados Unidos[72], porque plantea todos los elementos románticos que ya desde 1882 había caracterizado como lo "panameño", un constructo marginal o periférico en el siglo XIX con respecto a las élites capitalinas, al decir:

> La danza comienza y es seguida de la
> mejorana entre el tumulto de parejas. A
> un *wals* sigue la *polka* y otro *wals* hasta
> que llega el momento de bailar el punto,
> bambuco original de aquella tierra en el
> cual está caracterizado el panameño (47).

Porras en su ensayo no menciona otros elementos que, por otros identitistas o identitarios, podrían ser clasificados como africanos, como el tambor, de herencia africana o negra,

---

[71.] Como contradiscurso de la Ilustración, el romanticismo alemán con Herder en el siglo XIX puso como sujeto central Das Volk, el pueblo, que es defini-do por una lengua, una raza, una religión, unos cuentos y un libro sagrado.

[72.] "Los norteamericanos quieren absorvernos" . . ."vendrán aquí con el men-saje de su **lengua y de su folclore**, son de una condición que no respeta más **hegemonía cultural** que la suya; vendrán a colonizarnos, no solo como se explota un comarca, con propósitos comerciales —o políticos- sino por medio de su cultura, sinceramente incompatible con la nuestra. A dónde está nuestro valor civil, a dónde nuestra dignidad, a dónde nuestro concep-to de **la nacionalidad**, y de la **cultura hispánica**, de nuestros derechos y de nuestra personalidad definida . . .!" (en Tareas, 8, resaltado es nuestro).

a pesar que menciona el punto que caracteriza al panameño[73]. Lo cierto es que el Interior le ofreció un espacio propicio para incrustar en el mundo de la modernización, marcado por la pérdida y las rápidas transformaciones, un mundo propio sobre la que se pudiera construir una nacionalidad, una casa propia, contra todo lo que él podría considerar extranjero. Además, punto que muestra cómo Porras era un hijo de su tiempo es cuando afirma, contra la evidencia normalmente aceptada de que los Estados nacionales se levantan con epopeyas o leyendas, que si bien estos pueblos del Interior no conocieron formas poéticas de esta naturaleza, sí los acompaña un espíritu poético en sus décimas y cantos por no haber perpetuado la esclavitud y la infamia. Pero, ¿quiénes fueron los esclavos aquí? ¿El blanco interiorano o el negro que no menciona Porras? El negro desaparece en el "casi" de su blanqueada descripción racial de esta región que son convertidos, incluso, en parientes de los griegos por lo de pertenecer al Mediterráneo. No obstante, si bien culturalmente a Porras se le puede denominar como fundador de una narrativa romántica y racista en Panamá, una narrativa que será modificada levemente en el siglo XX por todos los identitarios de la nación romántica no importa su a iliación política o ideológica (Pulido Ritter, 2008), es difícil a irmar que Porras, quien era amigo de Carlos A. Mendoza, un liberal negro panameño, era racista. Tampoco hay que olvidar su amistad con el "indio" Victoriano Lorenzo.

A partir del ensayo de Porras *El orejano*, podemos establecer una relación con otros dos inmigrantes, exiliados y viajeros que recorrieron el camino romántico del liberal panameño que fue presidente de Panamá en tres ocasiones. Si

---

[73]. Es interesante mencionar que, sin embargo, el acusa en su polémica de 1903 a los Estados Unidos por impulsar el racismo, imponer el panamericanismo por la fuerza y denuncia la esclavitud en este país.

pensamos, por ejemplo, en Ricardo Miró (1883-1940), quien escribió el poema *Patria* (1909) en Barcelona, marcado por la nostálgica *memoria fundadora,* no es de extrañar que él fuera muy sensible al fenómeno de la modernización en Panamá si se estudia *Noches de Babel* (1913) y su menos conocida obra *Flor de María* (1922). Es sintomático que en ninguna de las dos obras aparezcan negros como personajes y más en *Noches de Babel* que presumiblemente tenía como escenario a la cosmopolita ciudad de Panamá donde la presencia del negro era evidente. Pero en *Flor de María,* que es una pequeña obra iconoclasta, porque lleva al límite la moral católica predominante al poner como punto álgido del drama un incesto involuntario — propio de una buena tragedia griega —, Miró hace mención de un elemento africano en la música del Interior, el tambor, "que con una flauta, un violín, y una guitarra, formaban la orquesta que alegraba el pueblo en los días de las grandes festividades" (p.10). Me parece que no es casual que este elemento africano aparezca finalmente en la narrativa y, sobre todo de la mano de Miró, que tenía una mirada para lo que no era necesariamente el mundo provinciano y local de las élites panameñas. En las dos novelas de Miró el extranjero es una figura con voz, la ciudad cosmopolita y la modernización (electricidad, carros, el crimen, el quiebre del orden moral, entre otros.), aunque, en efecto, maneja para el Interior los mitos propios que se le han adjudicado como el predominio de la superstición, la herencia española personificada en el padre Antonio, un español emigrado a América que "poco a poco advirtió que las costumbres eran las mismas de las de su pueblo..." (p. 45). Aquí él no menciona la raza, como en el caso de Porras, porque más bien hace referencias a las costumbres de su pueblo que recuerda el padre Antonio, pero tampoco deja de ser evidente que la galería de sus personajes eran todos blancos. En este sentido, él sigue el ideario romántico diseñado para el Interior a pesar que muestra dos elementos disonantes en el paisaje: el tambor y el incesto. Hay también otro elemento disonante, pero que es secundario, como es el nombre de un caballo, el Moro, haciendo así referencia a su color que debió haber sido negro.

En este mismo orden de ideas con respecto a la *memoria fundacional,* tenemos el texto clásico del vanguardista Demetrio Korsi, *Escenas de la vida tropical* (1934), que era de origen griego por parte de padre y quien tuvo una vida itinerante por algunos años en Francia, Estados Unidos y Jamaica. Estuvo casado con una francesa con la que tuvo un hijo. Con este texto, Korsi escribe otra novela iconoclasta que, como dice Alfredo Figueroa Navarro, fue prácticamente ignorado por "la crítica oficiosa" (p. 110), ya sea de un Rodrigo Miró o de un Ismael García. Hay que decir a favor de Miró y Korsi, que, en medio de la mojigatería criolla que todavía impera en el país, estos textos no dejan de estar "olvidado en las clases de literatura panameña" (p.112). Mucha razón tiene Figueroa Navarro al hacer hincapié que es necesario revalorar esta obra bajo la vista de nuevos problemas y observo en este caso un giro con respecto al discurso romántico de Interior. Esto no es, por cierto, la problemática principal de este texto, pues, como Miró en *Noches de Babel,* está más orientado a mostrar la corrupción y la impunidad de una sociedad cosmopolita como la panameña de la época, donde arribistas — en este caso extranjeros — atraídos por el dinero rápido encontraron aquí asiento fácil por el tipo de élite impresionable y acostumbrada a sus golpes de suerte. Y desde la primera página de la *Escenas* se respira la presencia de *Noches,* cuando hace referencia al "movimiento urbano de Panamá, pueblos de Oriente, pueblos de Occidente; razas criollas, hibridismo tropical. Multicolor paisaje humano" (p.121). Esta imagen puede ser la de cualquier gran ciudad como New York, por ejemplo. Pero ocurre en Panamá. Y, a diferencia de lo que hemos señalado, el Interior y lo negro llega a la ciudad de Panamá con el contrapunto de la presencia negra, del llamado Chombo, representado por una mujer en el mismo barrio de El Marañón, donde se había dado cita toda la humanidad inmigrante y proletaria del mundo y del Interior de Panamá. Aquí se describe una escena deliciosa que, dentro de este giro romántico de la *memoria fundacional*, no deja de ser único porque me parece que es la primera vez que estos tipos culturales se ponen en relación en Panamá, la ciudad y el campo, el negro y el blanco o un descendiente del África o del Caribe, es decir, finalmente, después de cuatro siglos de haber sido expatriado de sus tierras africanas por la esclavitud, el negro panameño (representado sexisticamente por una mujer) entra en la novelística nacional[74]:

> Una noche Adolfo paseaba su aburrimiento por las calles, taciturnamente, y sin mencionar el bullicio dominical. Sin darse cuenta, había echado a andar por Juan Ponce y se internó en El Marañón. Iba a devolverse cuando le pesó el eco de un tambaron. Por allí había un baile..."
> "...Bailaba en ese instante una cocinera del Mercado, un tipo de negra pequeña y rechoncha, de abultadas posaderas que le temblaban cómicamente cada vez que daba un paso, avanzaba la mujer, con cinismo, los macizos y alamugados senos, como ofreciéndolos en carnal rito. Su compañero, un joven interiorano, rubio y guapo era de estatura gigantesca, aunque no muy fornido...

---

[74]. En 1936 se publica la novela Crisol de José Isaac Fábrega donde el negro, el antillano, aparece en el barrio de El Marañon con descripciones verdaderamente humillantes en algunas escenas.

...El contraste de la desigual pareja
suscitaba la hilaridad general..." "...No
obstante la disparidad de los bailadores,
lo hacían tan bien que el público estaba
suspendido de los menores detalles,
aprendiendo en aquella escuela de la
danza natural. Se habían encontrado dos
maestros y se parangoneaban dos estilos.
Nunca se había bailado un tamborito más
caliente, ni más verdadero. Aquello era
bailar. (p.129 y130).

Justo en El Marañón una negra, de que no sabemos si
es antillana, y un interiorano bailan en *Little Jamaica*. Un
tamborito, baile del interior, marcado, como su mismo nombre
lo dice, por un tambor, lleva el paso de esta pareja que no son
más que dos excluidos del discurso de la élite capitalina que
es, sobre todo, europeizante como se muestra muy bien en
*Noches de Babel* de Ricardo Miró. Es, con Belisario Porras
como presidente, que el Interior entra en el imaginario.

Este texto de Korsi, especialmente, esta escena está a
medio camino de otros textos que, desde la revalorización de
la cultura Afrocaribeña o Africana en Panamá, se articulan
también en la *memoria fundacional*. Carlos Russell, por
ejemplo, que es hijo de inmigrantes caribeños en Panamá y
cuya vida, personal y política, ha transcurrido entre Panamá
y los Estados Unidos, también elabora muchos años después
un texto romántico, pero para los negros inmigrantes del
Caribe, del Caribe anglosajón, de aquellos que hablan
inglés. Con un título muy sugestivo, *The Last Buffalo:
Are Panamanians of Caribbean Ancestry an Endangered
Species?* (2003), recurre con esta figura, *Last Buffalo*, a
un animal en peligro de extinción. Russell establece un
paralelismo con la experiencia histórica de Panamá donde
los caribeños, por la presión de integrarse asimilarse a la

cultura mestizo-hispana panameña, están en peligro de extinción. Para ello propone el concepto de *Inclusión* que, basado sobre todo en la lengua, en el aprendizaje del inglés, significa el fortalecimiento de las instituciones antillanas independientes como las escuelas, las iglesias, la música y sus periódicos. Es interesante, por ejemplo, cuando afirma que el hoy desaparecido periódico "The Panama Tribune and HOG were the drums we used to survive (p.44). Los tambores son vistos como voz de expresión antillana transformado en el periódico *Panama Tribune* que dejó de circular en la década del setenta. Aparte de que aquí menciona un aspecto que pertenece a la *memoria en* movimiento, la sobrevivencia, él recurre a los mitos clásicos, románticos, para afirmar la herencia africana en la memoria de las "great civilisations" y en la "extended familiy" y, en función de hacer una conexión con la llamada cultura panameña, afirma que para los jóvenes "let them listen" "to the tamborito" and they will hear its African foundation" (p.44). El problema planteado por Russell, dentro de la configuración romántica de la *memoria fundacional*, es que el procedimiento es el mismo que se opera en el caso de Porras, Miró y Korsi, pues no se rompe con el paradigma identitario que identifica nacionalidad/raza/cultura, que es el matrix de todas las exclusiones posibles, y, del mismo modo como la Constitución de Panamá en 1972 dictó que el español era la lengua oficial de Panamá, Russell hace lo suyo para el caso de la comunidad caribeña con respecto al inglés, lengua que, según Walrond, *The British English*, fue impuesta por los europeos colonizadores "on a largely enslaved labor force who spoke a variety of ethnic languages" (en Parascandola, 1988. p. 44).

Por supuesto, Russell no ignora el colonialismo inglés en el Caribe, pero, por otra parte, sabe que el *British Empire*, con su lengua como gran transmisor cultural dio un sentido de pertenencia a la comunidad antillana en Panamá y en cualquier sitio donde emigrarán. A partir de aquí, entonces, él no deja tampoco de cerrarse al país receptor y establece puentes con la comunidad no caribeña–anglosajona, como es la utilización de la figura del tamborito, que, según sugerencia de él, es el fundamento africano que une a ambos, pero, sin duda, haciendo este giro salta sobre la historia real del Caribe que ha impuesto múltiples identidades a sus pobladores de ascendencia africana por la historia de las colonizaciones y los desplazamientos postcoloniales hacia las antiguas metrópolis y las áreas periféricas del Atlántico.

## La *memoria en movimiento* de un caribeño: Eric Walrond

En uno de sus textos, *Godless City, Eric Walrond* (1898-1966), dijo: "I am spiritually a native of Panama. I owe the sincerest king of allegiance of it" (en Parascandola 1998, p.13). Los pocos años que vivió él en Panamá fueron suficientes para establecer esta relación con el país que no lo vio nacer, pero si crecer en una época donde los negros caribeños construyeron la obra del siglo XX en la región: el Canal de Panamá. En la fractura del mundo moderno, donde la vida transcurre contradictoriamente entre las representaciones que se elaboran y lo que podemos entender por lo real o la realidad, podemos poner como ejemplo de la *memoria en movimiento* a este periodista y escritor, quien, desde la periferia del Estado-nación, nombró lo caribeño sin querer convertirlo en folclore o en espacio cerrado, inmovilizado en una identidad particular, al decir, "Considering the physical limits of the region, there is hardly to be found elsewhere in the Atlantic a richer fusing of cultures than has been at work in the sunny coral isles of the West Indies (p. 141)". En efecto, esta consciencia de lo múltiple solo es posible verlo en quien está interesado en reconocerlo, porque, por su historia, el mundo del Atlántico es el lugar donde se encuentran todos los imperios del moderno mundo con sus historias coloniales. Pero si es necesario decir que los autores que hemos incluido en la *memoria fundacional* también tienen consciencia de vivir en este mundo fragmentado y múltiple, pues además lo han vivido en sus propias experiencias de vida, marcado por la inmigración, el exilio, la expatriación y los viajes. Y justamente sus respuestas a este mundo fue crear espacios fundacionales donde todos los elementos románticos ofrecieran una especie de armonía, un equilibrio narrativo, que permitiera sellar las fisuras, como lo fue crear regiones, etnias, barrios y una nación que actuaran como sustitutos sin fisuras a la fragmentación e intersección de lenguas, culturas, orígenes y destinos.

Walrond, que nace en la Guyana Británica, y que pasa sus primeros años en Barbados, llega a Panamá en 1911 y parte para New York en 1918, una estación de vida a la cual se agregaría París y Londres. En su peripatética vida, que fue la vida de cientos de miles de jóvenes antillanos que, desde el siglo XIX, vinieron a Panamá como trabajadores, él, a diferencia de los autores de la *memoria fundacional*, asumió la fragmentación sin haberla traducido en armonía ya sea impulsado por la nostalgia o la promesa de un futuro por un retorno a África o por la consolidación de una cultura nacional o étnica. Su mirada, que era la lucidez cortante sobre la gran fractura histórica de la modernidad en el Caribe, es decir, sobre la esclavitud, el colonialismo y la inmigración postcolonial, lo llevó a reconocer la fractura y la tensión entre la representación y los hechos en los inmigrantes caribeños de habla inglesa al imaginarse el *Mother Country,* Inglaterra, así:

> He sees England through a romantic and
> illusive veil. What he so affectionately
> imagines he sees does not always "square"
> with the fact (en Parascandola, p.282).

Precisamente esta fractura y decepción con respecto a Inglaterra era el punto común entre los negros de las Antillas británicas y de los africanos que, a diferencia de Francia, que eran recibidos con un "ojo amistoso" o de los Estados Unidos, donde se les trataba con "desdén" o "amable benevolencia", aquí eran recibidos con "cold indifference" (p.282). Este punto es importante, porque Walrond reconoció los límites de la identidad dada y asumida por los caribeños de origen anglosajón, *The British Empire,* como se muestra en la siguiente cita:

> *We took on as much of English civilization as lay in our power. In one Island, Barbados —a British colony since 1605—the natives drifted so far away from the African ideal as to be considered even more English than are the English themselves! Our love of England and our wholehearted acceptance of English life and customs, at the expense of everything African, blinded us to many things. It has even made us seem a trifle absurd and ridiculous in the eyes of our neighbours. But the absurdity of our position —an ostrich-like one—was not revealed to us until we began to travel...I remenber as a small boy going to Panama. In Panama, where thousands of British West Indians had settled, I got my first taste of prejudice —prejudice on the grounds of my British nationality! The natives were a mongrelized of Latins with a strong feeling of antipathy toward British Negroes. But the hatred of us curiously enough, had been engendered by our love of England (en Parascandola, p.279).*

El movimiento, en efecto, está directamente sugerido cuando Walrond se refiere al viaje. Y este desplazamiento no solo es físico sino que actúa directamente sobre las fijas identidades imperiales que, por ser un *British subject,* no estuvo librado del prejuicio contra él en Panamá por primera vez. Este prejuicio lo experimentó también Walrond en Haití con respecto a todos los negros extranjeros y, especialmente, contra los negros de las Indias Británicas. Ser negros, haber sido descendientes de africanos incautados o haber vivido la esclavitud, no era o no fue suficiente para establecer lazos de conexión regionales o transregionales con África o con otros negros. Prejuicio y rechazo encontró Walrond en todas partes donde viajara, el mundo fracturado del Atlántico, con el que se enfrentó en todos sus viajes, incluso, en las propias islas inglesas donde la división de blancos, mulatos y negros no dejaba de estructurar las jerarquías sociales y, por lo tanto, es un gran mito, cuando se afirma que solo en las antiguas colonias españolas se planteaba el "mejoramiento de razas", como lo muestra en su cuento *The Palm Porch* en *Tropical Death* (1926).

Solo en un gran evento histórico, como fue la Primera Guerra Mundial, pudo el negro tanto de África como de América reconocer mutuamente la *racial conciousness* (en Parascandola, p.121), después de haber sido sometido a la fracturación del tráfico global de esclavos del mundo del Atlántico. En ese mundo, según Walrond, la "fiery rethoric" (p.123) de un conocido Marcus Garvey (1887-1940), "a Jamaican, short, black, swaggering, muscullarly built" (p.9), quien trabajó en el Canal de Panamá, cayeron en tierra abonada. Pero, como un escritor e intelectual, cuya *memoria en movimiento* no está orientada a construir identidades nacionales o regionales, no llega a afirmar que Garvey impulsó un *Back to Africa* debido al racismo de los blancos y lo mestizos que pudo haber vivido en Panamá,

Centroamérica y los Estados Unidos, que de hecho lo vivió por ser negro. No. Lo que afirma Walrond es que Garvey, por venir precisamente de un mundo profundamente racista como era Jamaica, donde ser negro, un "unmixed negro" (p.122), como aquellos que fueron traídos de África, significaba estar colocados en el fondo de la escala social (a pesar de ser mayoría), cuyo poder lo tenían los blancos y los mulatos, y esto explica por qué Garvey "idealizes" a los negros. No es un milagro, entonces, que Garvey hablara "of a black state, a black empire, a black emperor" (p.122), cuyos principios son tomados, como muy bien dice Walrond, del sionismo, que es una construcción centro-europea romántica de identificar una raza con una cultura, una nación, un estado y un territorio. *Back to Africa* fue la primera reacción masiva, transregional, que conectó a los negros caribeños y estadounidenses con un territorio mitificado, un mundo de sueños y esperanzas, que superaba el pequeño, racista y miserable mundo de las islas. Garvey, proyectando la realeza inglesa, crea de campesinos duques, princesas y príncipes que, finalmente, desilusionados, vieron cómo también habían sacrificados sus ahorros en esta empresa. No obstante, como pronto descubrió Walrond en los Estados Unidos "it is well to observe that the negroes of America do not want to go back to Africa" (p.110).

La *memoria en movimiento* de Walrond está dispuesta a reconocer las duplicidades, contradicciones y paradojas de lo que se conoce como la cultura Afrocaribeña. Su escritura, a diferencia de aquellos que se articula en la *memoria fundacional*, no es apologética. No sacrifica la observación a la necesidad de fundamentar una etnia. No se trata de ser negro o caribeño, porque Walrond se reconoce como tal en sus escritos, sino de algo más importante, más profundo, el de dejar de estar "enslaved spiritually", como cuando afirma al referirse a ciertos escritores en los Estados Unidos, así:

<blockquote>As a foreigner, I think I can understand the reason for this. Always concious of the color problem the Negro writer in te Unites States is vigilantly censorious of anything in his work or expresion which may put the black race in a disparaging light (p.130).</blockquote>

En efecto, Walrond, como no tiene temor de la censura y, mucho menos de una propia autocensura, no le interesa hacer de sus personajes presidentes, ministros, hombre de negocios o deportistas de éxito. Reconoce que la obsesión con el complejo de inferioridad, resultado del trato de una sociedad clasista y racista, esclaviza al escritor que retuerce sus narraciones para presentar "solo" el lado positivo de sus textos. *Tropic Death,* que está compuesto de diez cuentos, es una de las primeras narraciones caribeñas de un escritor que se enfrenta con la figura histórica del *Panama/Colon Man,* un joven caribeño rural que vino impulsado por lo que se conocía en la región como *Panama Money,* pues esperaba que el dinero pudiera obtenerse "like apples on a tree" (Richarson, p.11). Y de aquí Walrond escribe un cuento que se llama *Panamá Gold,* que cuenta precisamente de un trabajador del Canal que regresa a su isla de origen, Barbados, para abrir un almacén con el dinero ganado en Panamá. A pesar de haber perdido una pierna, no escatima esfuerzos en enamorar a una nativa de la isla, pero se enfrenta con el prejuicio de que ella es una mulata y él es un negro, un *Palama Man* que cree impresionarla, según ella, con su ropa vistosa, su colonia, su diente de oro y su *sombrero panamá.* El hombre, que se llamaba Puyah, había enfrentado el duro trato en la Zona del Canal por parte de los americanos y no dejó de decir que era un "Englishman and not a bleddy american nigger. A Englishman —big distinction in dat. Bruing" (p.42). Ella lo rechaza pues no le impresiona su dinero adquirido en Panamá y Poyah muere bajo las llamas que acaban con su almacén.

## Conclusión

En la articulación cultural de los Estados nacionales, la *memoria fundacional* y en *movimiento*, dos tipos de memoria elaboradas por inmigrantes, viajeros y expatriados, se encuentran dos respuestas a la fracturación histórica que se dio en en el marco de la modernización en Panamá y en la región. En la *memoria fundacional* la respuesta fue entrar en ese espacio nacional creando mundos armoniosos que, en el caso de Porras, operó por un proceso de blanqueamiento de lo que se conoce como el Interior, un proceso que implicó limpiar esta región que pudiera contaminar ese tipo ideal de representación, y que hasta hoy es la base de lo que entiende como "la autenticidad" de la cultura panameña. Es en la obra de Miró, Korsi, y Russell, que esa *memoria fundacional,* romántica, conecta con el Interior la presencia negra, africana, caribeña, y así permite modificar esa representacion inicial de Porras y la armonía tambien se traslada al mundo urbano, sin que se rompa la unidad de la raza, la cultura y la nación. Dentro de este marco, la *memoria en movimiento* planteada por Walrond no lleva el impulso fundacional de una etnia, región, cultura o nación. Es una memoria que se mueve dentro del mundo del Caribe, reconoce la fragmentación y las contradicciones del mundo representado, su escritura no está dirigida a fundar un mundo sin fisuras, sino hacer visible que las fisuras cruzan todo el mundo del Atlántico donde las fronteras románticas están permanentemente cruzadas por el movimiento: es liberar la escritura del poder.

# 8.

## Un liberal en la ciudad de Colón

De regreso a la ciudad de Panamá, después de haber estado en la ciudad de Colón para una entrevista sobre Eusebio A. Morales, conversé con un colonense en un restaurante céntrico de la ciudad, que es un descendiente de griegos llegados a Panamá para la construcción del Canal. Él pertenece a la tercera generación nacida en Panamá y, como muchos descendientes de inmigrantes, no hablan la lengua de sus ascendientes. El recuerdo de la inmigración queda recluido a la abuela o la bisabuela. Sentado frente a él, quien llegó a ser Ministro de Estado, nada excepcional en Panamá por la movilidad social que caracteriza al país, conversamos sobre la vena comercial de su familia que, a través de los años, ha hecho diversos tipos de negocios, una vena comercial propia de muchas familias inmigrantes colonenses que se establecieron allí aprovechando los flujos de prosperidad ocasionales de aquella ciudad caribeña. La ciudad de Colón, que en una época fue conocida también como Aspinwall, pues era el nombre de uno de los ingenieros fundadores norteamericanos de la Compañía del Ferrocarril de Panamá, fue fundada en 1850 en la isla de Manzanillo. Quienes la conocieron han hecho siempre referencia a su insalubidad, a su clima húmedo y a la plaga de mosquitos, como lo escribió Eusebio A. Morales (1865-1929), un colombiano–panameño, liberal y Ministro de Estado en varios gobiernos de Panamá en el primer tercio de la República fundada en 1903:

> Apenas puse el pie en el muelle se apoderó de mí el deseo intenso de regresar inmediatamente a Cartagena. Mis primeras impresiones no podían ser más desagradables ni más tristes. No veía por todas

partes sino caras macilentas, semblantes pálidos casi lívidos, y en todas las gentes una expresión de debilidad física y de resignación a las enfermedades y a la muerte. Apenas salí del muelle se presentó a mi vista un espectáculo inolvidable. Colón era una ciudad sin calles. Existía el trazado de ellas pero entre las dos líneas paralelas de casas que correspondían a ese trazado no había comunicación directa. Las calles eran pantanos profundos por los cuales no podía transitar nadie. Para pasar de una casa a la de enfrente era preciso ir hasta la esquina en donde hubiera un puente endeble de tablas angostas que servía de comunicación con la orilla o acera opuesta. Las vías públicas no tenían otro uso que el de servir de receptáculos de todas las basuras, inmundicias, cajas vacías, ollas rotas, muebles y ropas de gentes fallecidas que los vecinos arrojaban a ellas desde sus balcones y ventanas. No se veía por ningún lado un solo vehículo de ruedas ni era posible usar ese sistema de locomoción en aquellos lodazales y pantanos profundos. La lluvia era incesante y nadie salía sin paraguas. El calor y la humedad eran opresivos y producían en el cuerpo una transpiración desagradable que daba la impresión de algo oleaginoso y sucio constantemente adherido a la epidermis. Tales fueron mis impresiones al salir del muelle y al ver por primera vez la ciudad de Colón, conocida entonces también con el nombre norteamericano de *Aspinwall* (1999,p.227).

Morales escribió este texto, *Colón: su pasado y su porvenir,* en 1919. Con el mismo recoge sus experiencias, reflexiones y profecías sobre esta ciudad que regresa siempre al punto de partida, una especie de eterno retorno, a la insalubridad, a la pobreza y la marginalidad. Y, como muy bien lo expresa Morales, esta situación de Colón es más llamativa si se considera que "Las circunstancias habían hecho que aquel lugar insalubre, feo y monótono, fuera a un tiempo asiento de un gran comercio y centro intelectual muy digno de ser tenido en cuenta" (p.229). Él llegó a Colón en 1886, año en que bajo la presidencia de Rafael Núñez se eliminó la constitución de Río Negro, que había consagrado los Estados Federados de Colombia. Permaneció hasta 1895, tres años antes de que España perdiera sus útimas colonias en el Caribe (Cuba y Puerto Rico) en la guerra hispano-estadounidense y, además, de importancia directa para Panamá, siete años después de que la Compañía Francesa del Canal fracasara en su intento de construir un Canal por el Istmo. Con la administración de Rafael Núnez, que además era un poeta romántico de segunda categoría (quien escribió la letra del himno colombiano) y un ensayista que, por cierto, nombró a Rubén Darío como cónsul colombiano en París, se consagró el centralismo colombiano y la Iglesia Católica pudo volver a retomar su predominancia especialmente en el sistema educativo. Como Colón había sido dado a concesión a la Companía del Ferrocarril de Panamá, la ciudad gozaba de un status particular y se convirtió en receptáculo, refugio, de los liberales colombianos (incluidos los del Estado Federal de Panamá) que pregonaban el libre comercio, el estado laico y la libertad de prensa. Un año antes de que Morales llegara a la ciudad, un enorme incendio había destruido muchas de sus casas de madera, afianzándose así su estado de pauperización. Con lucidez, Morales observa que hay dos factores que atentan contra la prosperidad de la ciudad, por un lado, la imposibilidad de que hubiera un libre mercado de compra-venta de tierras y, por otro lado, la imposición de un impuesto aduanero por la presidencia centralista de Núñez. Nadie se atrevía a construir casas de piedra o manpostería. La Compañía del Ferrocarril concedía la tierra por tan solo cinco años, sin derecho a compra (pues el Gobierno Central colombiano no lo permitía), y las aseguradoras tampoco resarcían a los propietarios por las pérdidas provocadas por los incendios. En fin, la ciudad estaba bloqueada económicamente, pero, sin embargo, se habían encontrado allí los liberales colombianos y comerciantes del Caribe, entre ellos, los judíos sefarditas de la isla caribeña-holandesa de Curazao. Morales planteaba en su texto que, mientras la ciudad no se abriera al libre comercio sin impuestos aduaneros, jamás lograría la tan anhelada prosperidad de sus habitantes, hecho este que se logró tras la idependencia de Panamá de Colombia en 1903 hasta la Segunda Guerra Mundial. Pero en 1948 el gobierno panameño, afincado en la costa Pacífica, en un acto centralista, propio del período colombiano de Núñez, impone por decreto la creación de la Zona Libre de Colón, un enclave comercial de importación-exportación, libre de impuestos, pero reservado solo a los comerciantes extranjeros y prohibido a los nacionales para evitar el "contrabando". Solo se aceptan panameños en la Zona Libre de Colón como empleados (hoy día solo un 10% proviene de Colón), es decir, por decreto, se hace de los habitantes de Colón una masa de empleados consumidores excluidos del intercambio comercial en su propio patio sin que incluso pudieran gestionar su propio presupuesto derivado de las ganancias de la Zona Libre. Es así, entonces, que la parásita burguesía panameña (que logra también colocar sus negocios en la Zona Libre), se enriquece por el secuestro del Estado que, a través del proteccionismo, preserva sus privilegios y defiende su llamado "mercado nacional" a costa de los colonenses.

En el corto y gran período que va desde 1903 hasta 1948 es que la ciudad de Colón experimentó una gran bonanza. Tuvo una vibrante vida bohemia y nocturna con múltiples teatros, cines y bares de jazz. No existía la Zona Libre. Comerciantes nacionales y extranjeros se habían afincado en todo Colón, donde la inversión y el tráfico comercial estaba favorecido, además, por la presencia de las tropas norteamericanas asentadas en la Zona del Canal o que estaban de paso por el Istmo. No es necesario estar de acuerdo con el libre comercio para comprender que, visto desde la perspectiva de la pauperización actual de Colón, esta es resultado del paradójico, absurdo y escandaloso bloqueo ejercido por décadas por el Gobierno Central, precisamente, en un país que ha vivido de su plataforma internacional de negocios, del Canal, de los bancos y los servicios en general. A esto se agrega todos los otros factores señalados por Morales con respecto a Colón del siglo XIX, como una débil y deficiente presencia del Estado, desde la administración de justicia, hasta el aseo de la ciudad. No hay nada, hoy, que no haya sido ya dicho por Morales y lo que sorprende de este texto es que, justamente, finaliza con un tono muy optimista, resultado de la finalización de la construcción del Canal de Panamá en 1914, ocupando Colón una posición muy estratégica por ser entrada del Canal en la rivera Atlántica. Morales, en efecto, pudo ver este auge inicial de la ciudad, un auge económico que también se proyectó en la construcción  de sus edificios que, según el arquitecto Tejeira, "el Casco Antiguo se empezó a transformar en un conjunto neoclásico con grandes porches — columnas y entablamentos — de hormigón armado" (2011, p.62). Ejemplo de esta arquitectura es el edificio Wilcox, construido en 1913 (Patiño, 1994, p. 83) , y que hoy se derime entre su restauración o demolición, a pesar de ser declarado Monumento Histórico Nacional mediante Ley 47 de 14 de agosto de 2002. Puede afirmarse que Wilcox es el espejo de Colón, su ascenso y decadencia en el siglo XX, y, en verdad, a diferencia de lo que escribió Morales, el futuro de Colón no está garantizado, porque Panamá tradicionalmente ha vivido a espaldas de Colón. Y lo peor es que, tras tanto abandono e indiferencia, entre los ciudadanos de Colón se ha asentado la frustración y la apatía frente a una ciudad, cuyo precio de haber prestado su privilegiada posición geográfica a la globalizada modernización capitalista ha sido la sempiterna pobreza y la marginalización de su gente.

# Referencias


Acosta, Orlando. (2007). "Más de Colón". *La Estrella de Panamá* (recuperado el 7 de mayo del 2017 http://laestrella.com.pa/opinion/columnistas/wilcox-colon/23994841).

Agamben, Giorgio. (2006). *Mittel ohne Zweck* (Noten zur Politik). Zürich-Berlin: Diaphane.

Aguilera Malta, Demetrio. (1977 [1935]). *Canal Zone.* México: Editorial Joaquín Mortiz S.A.

Almengor, Luis y Jaime Mitre, Aleida Terán y Carlos A. Smith. (1974). *Síntesis histórica del barrio de El Chorrillo.* Panamá: Ediciones de la Junta Comunal del Chorrillo.

Alvarado de Ricord, Elsie. (2000). "Sinán a la Vanguardia (prólogo)". En *Poesía Completa de Rogelio Sinán.* Panamá: Universidad Tecnológica de Panamá.

________. (1964). "A los héroes panameños". (Recuperado de *Panamápoesía.com* en abril del 2014  http://panamapoesia.com/pt35pm08.php [1964]).

________.(1961). "El sentimiento patriótico en la poesía panameña". *Loteria* 72: 29-46.

Anderson, Benedict. (1993). *Comunidades Imaginadas.* México: Fondo de Cultura Económica, México.

Andreve, Guillermo. (1970 [1940]). "Breves consideraciones sobre la literatura panameña". *Lotería* 180: 89-96.

Bachelard, Gastón. (2002). *La formación del espíritu científico.* México: Siglo Veintiuno Editores.

Barsallo Jaén, María de Lourdes. (2016). "Panamá La Vieja". *Panamá, Poesías y Pensamientos.com*. (Recuperado el 11 de diciembre de https://mdelbj2.com/2013/11/14/poema-historica-panama-la-vieja-2/. 2013)

Barría Alvarado, Ariel. (2003). "154 años de novela en Panamá". *Antigua* 60: 123-137.

Barrow, Alberto y George Priestley. (2003). Piel Oscura Panamá. Ensayos y reflexiones al filo del Centenario. Panamá: Editorial Universitaria Carlos Manuel Gasteazoro.

Baudelaire, Charles. (1863). "El pintor de la vida moderna". (Recuperado el 5 de febrero del 2016 (de http://eva.universidad.edu.uy/pluginfile.php/506074/mod_resource/content/).

Beck, Ulrich. (1986). *Risikogesellschaft (auf dem Weg in eine andere Moderne)*. Frankfurt am Main: Suhrkamp Verlag.

Beleño, Joaquín. (1996 [1966]. *Flor de banana (Noche de Fruta)*. Colombia: Manfer S.A.

_______. (1960) [1959]). *Gamboa Road Gang (los forzados de Gamboa)*. Panamá: Departamento de Bellas Artes y Publicaciones del Ministerio de Educación.

*Curundú*. (1963 [1956]). Panamá: Imprenta Nacional, 1963.

_______. (1951 [1941]). *Luna verde (diario dialogado)*. Panamá: Editora Panamá América, S.A.

Beluche, Olmedo. (1994). "La verdad sobre la invasión". *Revista cultural Lotería* 399: 27-72.

Bhabha K. Homi. (2010). *Nación y narración (entre la ilusión de una identidad y las diferencias culturales)*. México: Siglo XXI.

Biesanz, John. (1953). *Race Relations (cultural and economic factors in panamanian race relations)*. Edited by Olen E. Leonard and Charles P. Loomis). Michigan State Press: Department of Sociology and Anthropology,

Castillero Calvo, Alfredo. (1973). "Transitismo y dependencia". *Nueva Sociedad* 5: 35-50.

Clifford, James. (1997). *Routes. Travel and Translation in the late Twentieth Century*. Cambridge: Massachusetts, London, England.

Césaire, Aimé. (2006). *Discurso sobre el colonialismo*. Madrid: Akal.

Conniff, Michael. (1985). *Black labor on a white Canal*, 1904-1981. Pittsburgh: University Pittsburgh Press.

Chacón, Albino *(coord)*. (2007). *Diccionario de la Literatura Centroamericana*. Costa Rica: Editorial Universidad Nacional.

Chiriboga, Vilma. (2016). "El Incidente de la Tajada de Sandía". (Recuperado el 20 de mayo de http:*//laestrella. com.pa*/opinion/columnistas/controversial-incidente-tajada-sandia/23996168).

Chuez, Enrique. (1991). *Operación Causa Justa*. Panamá: CELA (Centro de Estudios Latinoamericanos).

Dante, Alighieri. (2011). *La Divina Comedia*. Barcelona: Editorial Océano.

Delgado Diamante, Daniel. (2016). *A 25 años de la Invasión de Estados a Panamá (la resistencia armada y sus consecuencias)*. Panamá: Imprenta Universitaria (UP).

De Lisser, H.G. (1915). *Susan Proudleigh*. London:Metheum.

Dennis, Walder. (2011). *Postcolonial Nostalgias (writing, representation, and memory)*. London and New York: Routledge.

D`Haen, Theo. (1997). "What is Post/Colonial Literature, and why are they saving such terrible things about it". *Link & Letters* 4: 11-18.

Espino Barahona, Erasto. (2004). "Patria de Ricardo Miró o el país como memoria afectiva". *En Espéculo. Revista de estudios literarios,* 31. (Recuperado el 4 de abril, 2016, de https://pendientedemigracion.ucm.es/info/especulo/numero 31/patriarm.html).

Ette, Ottmer. *(2002). Weltbewutßein. Alexander von Humboldt und das unvollendete Projekt einer anderen Moderne. Weilerswist: Velbrück Wissenschaft.*

Fábrega, José Isaac. (2002 [1936]). *Crisol*. Panamá:Asamblea Nacional.

Fanon, Frantz. (1975). *Peau noire, masques blancs*. Paris. Édition du Seuil.

________. (2002 [1961]). *Les damnés de la terre*. Paris: Éditions La Découverte & Syros.

Fong, Carlos. (2016). *Aviones dentro de la casa*. Panamá: Ediciones Sagitario.

________. (2008). "Los planos de la realidad identitaria del discurso narrativo en tres cuentos de El otro lado del sueño en Pedro Luis Prados". (Recuperado de *La mirada de Nuchu* en abril del 2014 de http://songadas.blogspot.com/2008/12/ ensayo-de-carlos-fong-sobre-3-cuentos.html).

Foucault, Michel. (1980). *Historia de la sexualidad 1: la voluntad de saber*. Madrid: Siglo veintiuno editores.

Frisby, David. (1988). "Georg Simmel, primer sociólogo de la modernidad". *Modernidad y Posmodernidad*. Ed. Josep Picó. Madrid: Alianza Editorial, 51-83.

García, Ismael S. (1986 [1964]). *Historia de la literatura panameña*. Panamá: Manfer S.A.

Gewecke, Frauke. (2000). "La heterogeneidad como rasgo fundamental de la Modernidad y del Modernismo Hispanoamericanos: Las noches de Babel de Ricardo Miró". En *La modernidad revis(it)ada. Literatura y culturas latinoamericanas de los siglos XIX y XX*. Inke Gunia, Katharine Niemeyer, Sabine Schlickas, Hans Poschen (eds) Berlín: Edition Tranvía, 168-182.

Grinberg Pla, Valeria y Werner Mackenbach. (2009). "Representación política y estética en crisis: el proyecto de la nación mestiza en la narrativa bananera y canalera centroamericana". En Valeria Grinberg Pla / Ricardo Roque Baldovinos (Hrsg.). *Tensiones de la modernidad: Del modernismo al realismo*. Hacia una Historia de las Literaturas Centroamericanas – II. Guatemala: F&G Editores.

Hegel, Georg Wilhelm Friedrich. (1970). *Phänomenologie des Geistes*. Frankfurt am Main: Suhrkamp.

Herrera, Darío. (1971). *Lejanías*. Prólogo de Rodrigo Miró. Perú: Amauta.

Herrera Sevillano, Demetrio. (1980). En *poesía panameña contemporánea*. Enrique Jaramillo Levi (comp). México: Liberta-Sumaria.

Isaza Calderón, Baltasar. (1957). *Estudios literarios*. Panamá: Ediciones CULTURAL PANAMEÑA.

Jaeger, Frances. (2003). "La novela canalera como acto contestatario de la nación panameña". *Istmo. Revista virtual de estudios literarios y culturales centroamericanos* 7. (Recuperado el 6 de marzo del 2016, de http://istmo.denison. edu/n07/articulos/novela.html).

Jurado, Ramón H. (1978 [1953]). *Itinerario y rumbo de la novela panameña (tres ensayos)*. Panamá: Cultural Panameña, S. A.

Korsi, Demetrio. (2003 [1934]). *Escenas de la vida tropical*. Panamá: Asamblea Legislativa.

Knapp, H. & Knapp, M. (1984). *Red, White, and Blue Paradise: The American Canal Zone in Panama*, San Diego, CA: Harcourt Brace Jovanovich.

Laurenza, Roque Javier. (1933). *Los poetas de la Generación Republicana*. Panamá: ediciones del grupo Pasaje.

Lock, Alain. (1970). *The New Negro*. New York: Atheneum.

López Ropero, Lourdes. *(2004). The anglo-Caribbean migration novel: writing from the diaspora*. España: Universidad de Alicante.

Maloney, Gerardo. (1999) "Los afroantillanos en Panamá". En Ileana Gólcher (ed.). *Este país, un canal: Encuentro de Culturas*. Panamá: Ceaspa, Naciones Unidas, 63-75.

________. (1999). "El Canal de Panamá y los trabajadores antillanos (Panamá 1920: Cronología de una lucha)". *Biblioteca de la Nacionalidad*: Autoridad del Canal de Panamá. Panamá: 323-367.

________. (ed.). (1993). *Armando Fortune: obras selectas*. Panamá: Instituto Nacional de Cultura.

Martínez, José de Jesús. (1992). *La Invasión de Panamá*. Colombia: Causadías Editores.

Méndez Pereira, Octavio. (1987 [1940]. "Panamá, país y nación de tránsito". *Revista Lotería* 367: 62- 67.

Menton, Seymour. (2001). "La búsqueda de la identidad nacional en el cuento panameño". *Revista Iberoamericana* 196: 399-408.

Meyer-Minnemann, Klaus. (1984). "La novela modernista hispanoamericana y la literatura europea de fin de siglo (puntos de contacto y diferencias)". *Nueva Revista de Filología Hispánica*. Tomo 33, 2: 431-445.

Miró, Ricardo. (2002 [1913]). *Las noches de Babel*. Prólogo de Alfredo Figueroa Navarro. Panamá: Asamblea Legislativa.

________. (1922). *Flor de María (ensayo de novela)*. Panamá: Talleres Gráficos de "El Tiempo".

Miró, Rodrigo. (1996 [1972]). *La literatura panameña (Origen y Proceso)*. Panamá: Editorial Universitaria.

________. (1981). *El ensayo en Panamá (estudio introductorio y antología)*. Panamá: Biblioteca de la Cultura Panameña / Presidencia de la República.

Miró, Rodrigo. (1947). *Teoría de la Patria (notas y ensayos sobre literatura panameña seguidos de tres ensayos de interpretación histórica*. Buenos Aires: Amarrortu.

Morales, Eusebio A. (1999). *Ensayos, documentos y discursos*. Panamá: *Biblioteca de la Nacionalidad*.

Morán, Anais. (2013). "La juventud no necesita frenos". (Recuperado del *Panamá Ahora* en abril del 2014 de http://www.rafaelcandanedo.com/2013/03/la-juventud-no-necesita-frenos.html).

Navas, Luis. "El movimiento obrero en Panamá (1814-1914)". *Biblioteca de la Nacionalidad*: Autoridad del Canal de Panamá, Panamá, 5-133.

Nieto, Manuel Orestes. (1991). "Cambio de los tiempos". (Recuperado el 11 de diciembre del 2016 de http://memoriasdelainvasion.blogspot.de/p/poemas.html Manuel Orestes Nieto).

Parascandola, Louis J. *(2005). Look for me all around you (anglophone Caribbean immigrants in the Harlem Renaissance)*. Detroit: Wayne State University Press.

________. *(1998). Winds can Wape up the Dead. An Eric Walrond reader.* Detroit: Wayne State University Press.

Pizzurno, Patricia. (2008). *Memoria e imaginarios de identidad y raza en Panamá (siglos XIX y XX)*. Panamá. Colección Ricardo Miró.

Priestley, George y Alberto Barrow. (2003). "Notas para el debate sobre etnia, clase y cuestión nacional en Panamá". En Alberto Barrow y George Priestley. *Piel Oscura Panamá*.

*Ensayos y reflexiones al filo del Centenario*. Panamá: Editorial Universitaria Carlos Manuel Gasteazoro, 29-56.

Porcell, Néstor y Octavio Tapia. (1992). "Genocidio en Panamá". *Revista cultural Lotería* 399: 73-131.

Porras, Belisario. (1961). "Reflexiones canaleras o la venta del Istmo". *Tareas* 5: 3-11.

Pulido Ritter, Luis. (2008). *Filosofía de la nación romántica*. Panamá: Instituto Nacional de Cultura (INAC).

Puri, Shalini, ed. (2003). *Marginal Migrations (the circulation of cultures within the Caribbean)*. Malaysa: Macmillan Caribbean.

Ramchand, Kenneth. (1976). *An Introduction to the west indian narrative*. Hong Kong: Nelson Caribbean.

Ramón, Jurado H. (1978). *Itinerario y rumbo de la Novela Panameña* (tres ensayos). Panamá: Cultural Panameña.

Richardson, Bonham C. (1985). "Go west young man". *Caribbean Review* 2: 11-13.

Rivera, Pedro; Martínez, Fernando. (1998). *El libro de la Invasión*. México: Fondo de Cultura Económica.

Rogers, J. A. (2005). "Is Black ever White?". En *Parascandola, Louis J. Look for me all around you (anglophone Caribbean immigrants in the Harlem Renaissance)*. Detroit: Wayne State University Press, 436-440.

Ronda Denise, Frederick. (1997). *The Colon People: reading caribbeanness through the Panama Canal*. Presented to the Faculties of the University of Pennsylvania in partial fulfillment of the requirements for the degree of Doctor of Philosophy. (Recuperado el 16 de juno del 2015 de http://repository.upenn.edu/dissertations/AAI9814845.Editor: ScholarlyCommons@Pen, 1997).

_______. *(2003)*. "Mythographies of Panama Canal Migrations: Eric Walrond`s Panama Gold". *En Margianl Migrations*. Edited by Shalini Puri. Malaysa: Macmillan Caribbean, 43-76.

Russell, Carlos. (1995). *And Old Woman Remenbers...(the recollected history of west indian in Panama 1855-1955)*. Brooklyn, New York: Caribbean Diaspora Press Inc.

_______. (1995). *The last Buffalo (¿are panamanians of Caribbean Ancestry and Endangered Species?)*. U.S.A: Conquering Books, L.L.C.

Senior, Oliver. (1978). "The Colon People". *Jamaica Journal* 11: 62-70.

Silva, José Asunción. (1977). *De Sobremesa*. En Obras Completas. Venezuela: Editorial Ayacucho, 109-243.

Sinán, Rogelio. (1957). "Rutas de la novela panameña". *Revista Lotería* 23: 103-110.

Sisnett, Manuel Octavio. (1959). *Belisario Porras o la vocación de la nacionalidad*. Panamá: Imprenta de la Nacional.

Soler. Ricaurte. (1994). "La Invasión de los Estados Unidos a Panamá". *Revista cultural Lotería* 399: 1-26.

Sommer, Doris. (1991). *Foundational Fictions: The National Romances of Latin America* Berkeley: University of California Press.

Sosa, Juan B. (1919). *Panamá La Vieja (con motivo del cuarto aniversario de Fundación de la ciudad de Panamá)*. Panamá: Imprenta Nacional.

Sloterdijk, Peter. (1999). "Reglas para el parque humano (una respuesta a la carta sobre el humanismo)". (Recuperado en mayo del 2014 en *Revista Observaciones filosóficas* http://www.observacionesfilosoficas.net)

Spengler, Oswald. (2007 [1923]). *Der Untergang des Abendlandes (Umrisse einer Morphologie der Welgeschichte*. München: Marix Verlag.

Tejeira Davis, Eduardo. (2011). "Fundamentos para el estudio de un patrimonio arquitectónico y urbanístico excepcional". *Canto Rodado* 6: 33-73.

Todorov, Tzvetan. (1985). *Die Eroberung Americas (Das Problem des Anderen)*. Frankfurt am Main Suhrkamp Verlag.

Walter, François. (2010). "Le role de l'historian face à la catastrophe. *Observatoire International des Crises*".(Recuperado el 11 de diciembre del 2016 de www.communication-sensible.com).

Walrond, Eric. (1972 [1926]). *Tropic Death*. New York: Collier Books.

________. (1988). *Winds Can Wake Up the Dead*. Ed. Louis Parascandola. Detroit, MI: Wayne State University Press.

Wilson, Carlos Guillermo. (1975). *Aspectos de la narrativa panameña contemporánea*. A dissertation submitted in parti partial satisfaction of the requirement for the degree Doctor of Philosophy in Hispanic Languages and Literatures. University of California: Los Ángeles. No publicado.

En El Hotel Panamá, a los dieciséis días del mes de octubre de 2017, a las 9:50 de la mañana, el jurado, conformado por Gerardo Maloney, de Panamá, Karen Poe Lang, de Costa Rica, y Rogelio Rodríguez Coronel, de Cuba, acuerdan por unanimidad, entregar el Premio a:

Fragmentos críticos postcoloniales (ensayos transversales de sociología literaria y cultural panameños), presentado bajo el seudónimo de "Teodoro".

Este volumen cumple con todos los requisitos presentes en las bases del concurso. Su tratamiento del tema es imaginativo y bien fundamentado, sustentada por una perspectiva de análisis interdisciplinaria, con principios metodológicos muy actualizados. Trata un tema sumamente importante con un enfoque contemporáneo, dentro de los llamados estudios culturales, a partir de un sólido sustento teórico. Brinda una lectura fluida gracias a la excelencia de su escritura.

El Jurado reconoce también que, dentro de las obras valoradas como finalistas por sus aportes, se encuentran:

El Panamá conflictuado (Conflicto de visiones, crisis e invasión), presentado con el seudónimo de "Yarrince". El Jurado sugiere que, por el interés y trascendencia de la temática tratada y la rigurosidad investigativa en torno a ella, sea revisado editorialmente.

Ecos del Tabasará: Códigos culturales ngäbes en la literatura panameña contemporánea (Estudio multidisciplinario), presentado bajo el seudónimo de "Jorge". El Jurado reconoce el aporte que realiza este volumen a los estudios interculturales panameños. Se recomienda acentuar su dimensión ensayística.

Karen Poe Lang
Costa Rica

Gerardo Maloney
Panamá

Rogelio Rodríguez Coronel
Cuba

La Colección de Literatura Ricardo Miró 2017
es publicada bajo la administración de:

**Janelle Davidson**
Directora General

**Juan Francisco Guerrero**
Subdirector General

**Priscilla Delgado**
Directora Nacional de Publicación y Comunicación

**Aleida De Gracia**
Jefa del Departamento de Letras

**Nilva Rodríguez**
Jefa de la Editorial Mariano Arosemena

Instituto Nacional de Cultura/INAC
Orden 4425/Panamá/2018